O OLHAR PARA O
EXTRAORDINÁRIO

CARLOS FERREIRINHA
LEANDRO CREPALDI

O OLHAR PARA O
EXTRAORDINÁRIO

CARLOS FERREIRINHA
LEANDRO CREPALDI

www.dvseditora.com.br
São Paulo, 2024

O OLHAR PARA O EXTRAORDINÁRIO

DVS Editora 2024 – Todos os direitos para a língua portuguesa reservados pela Editora.

Nenhuma parte deste livro poderá ser reproduzida, armazenada em sistema de recuperação, ou transmitida por qualquer meio, seja na forma eletrônica, mecânica, fotocopiada, gravada ou qualquer outra, sem a autorização por escrito dos autores e da Editora.

Coordenadoria Editorial: Camila Balthazar
Edição, Preparação e Revisão de Textos: Carla Carreiro
Direção Conceitual: Andrei Solomca Trinconi
Ilustrações internas e de capa: Sabrina Arnoni Rodrigues dos Santos
Projeto gráfico e diagramação: Bruno Ortega/BRO® studio

```
      Dados Internacionais de Catalogação na Publicação (CIP)
             (Câmara Brasileira do Livro, SP, Brasil)

    Ferreirinha, Carlos
       O olhar para o extraordinário / Carlos
    Ferreirinha, Leandro Crepaldi. -- 1. ed. --
    São Paulo : DVS Editora, 2024.

       ISBN 978-65-5695-137-9

       1. Clientes - Atendimento - Controle de
    qualidade 2. Clientes - Contatos - Administração
    3. Clientes - Relacionamento 4. Clientes -
    Satisfação 5. Gestão de negócios 6. Mercado do
    luxo 7. Objetos de luxo - Comercialização
    8. Produtos de luxo - Comercialização
    I. Crepaldi, Leandro. II. Título.

 24-236518                                     CDD-658.8
              Índices para catálogo sistemático:

    1. Gestão do luxo : Mercado, marketing, estratégias
          de marca e negócios : Administração de
          empresas    658.8

    Aline Graziele Benitez - Bibliotecária - CRB-1/3129
```

Nota: Muito cuidado e técnica foram empregados na edição deste livro. No entanto, não estamos livres de pequenos erros de digitação, problemas na impressão ou de uma dúvida conceitual. Para qualquer uma dessas hipóteses solicitamos a comunicação ao nosso serviço de atendimento através do e-mail: atendimento@dvseditora.com.br. Só assim poderemos ajudar a esclarecer suas dúvidas.

DEDICATÓRIA

AGRADECER é um exercício necessário e essencial!

Este segundo livro só foi possível porque Leandro Crepaldi o tornou sua missão particular; ele abraçou com entusiasmo, emocionou-se ao longo da jornada e fez acontecer. Demorei 18 anos para lançar meu primeiro livro, *O Paladar Não Retrocede*. Já este segundo veio apenas cinco anos depois, porque ele tornou isso possível. Então, aqui e agora, ao Leandro eu digo com sinceridade... OBRIGADO!

Ao time da MCF, da ABRAEL, da BENTO e do EMPÓRIO VÍRGULA, meu agradecimento por me desafiarem diariamente, pela excelência profissional.

Ao Martin Gutierrez, por liderar com energia a MCF para o futuro. Esse momento chegou. Agora é com ele a responsabilidade de manter o legado da MCF, do Ferreirinha.

Ao Andrei Trinconi e à Sabrina Arnoni, por mergulharem neste segundo livro com paixão. Um destaque especial para Sabrina, pela sensibilidade dos desenhos que cobrem as páginas desta obra – emocionante.

Ao Alexandre Mirshawka e a toda a equipe da DVS Editora, meu obrigado por não apenas apoiarem e acreditarem, mas por se aventurarem conosco em formatos diferentes, na diagramação, na capa. Com vocês, literalmente vamos além.

À Camila Balthazar, junto com seu time – Carla Carreiro e Roberta Tomasini –, por organizar nossas ideias, textos, palavras e intenções, garantindo que tudo faça sentido na leitura, com maestria. Você, Camila, foi essencial no primeiro livro e, agora, com essa equipe notável, fez com que fosse possível novamente.

À família, amigos, e todos os colaboradores... com vocês, mantenho-me humanizado! OBRIGADO.

CARLOS FERREIRINHA

@carlosferreirinha

A Carlos Ferreirinha, meu mentor e maior inspiração. Por cada ensinamento, por cada palavra que me guiou, e pela honra de assinar esta obra ao seu lado. Minha trajetória profissional carrega profundamente a marca de tudo o que aprendi com você. Este livro é, sem dúvidas, uma extensão da sua influência em mim e da nossa jornada conjunta.

À Mirella Gaz e Gabriela Nascimento, minhas companheiras de trabalho na Luxury Academy, que estão ao meu lado em cada desafio e conquista no dia a dia! Este livro, sem vocês, seria apenas um sonho.

A toda a equipe MCF, não apenas os que hoje compõem o time, mas cada um com quem tive a honra de compartilhar esse caminho ao longo dos últimos 12 anos. Esta obra é uma celebração das nossas histórias.

Aos meus pais, por tudo e por tanto, sou eternamente grato.

OBRIGADO! OBRIGADO! OBRIGADO!

LEANDRO CREPALDI

leandrocrepaldi

SUMÁRIO

PREFÁCIO 9
APRESENTAÇÃO 12

PARTE 1 · CONTEXTO & PERSPECTIVA 17
INTRODUÇÃO 18
O LUXO COMO PATAMAR MÁXIMO DO EXTRAORDINÁRIO 22
DESMISTIFICANDO O LUXO 26
ATRIBUTOS & CATEGORIAS 30
DIFERENÇA ENTRE O LUXO E O PREMIUM 34
O LUXO ATRAVÉS DO TEMPO 38
IMPÉRIOS E INDEPENDÊNCIA: UM OLHAR SOBRE O UNIVERSO
DAS MARCAS E CONGLOMERADOS DE LUXO 44

PARTE 2 · UM MERCADO EM CONSTANTE EVOLUÇÃO 55
NADA É MAIS COMO ANTES 56
REFLEXOS DA PANDEMIA 64
COMO O LUXO REAGE ÀS CONSTANTES MOVIMENTAÇÕES DO MERCADO 70

PARTE 3 · CLIENTE & CONSUMO 93
PERFIS DO CONSUMIDOR DO LUXO NO BRASIL 94
O BRASILEIRO GOSTA DE SER MIMADO 100
RAZÕES E MOTIVAÇÕES DE COMPRA DE LUXO 104
AS NOVAS FORÇAS GERACIONAIS DE CONSUMO 108
A ERA DO RELACIONAMENTO 114

PARTE 4 · ATENDIMENTO & RELACIONAMENTO 123
COMPETÊNCIAS & HABILIDADES PARA MANTER-SE RELEVANTE ... 124
ATRIBUTOS DE DIFERENCIAÇÃO NO ATENDIMENTO 128
O QUE JÁ DEVERÍAMOS SABER 134
A TRÍADE PERFEITA PARA POTENCIALIZAR A EXPERIÊNCIA DO CLIENTE 138
A MATEMÁTICA DA GESTÃO DO LUXO 142
OPORTUNIDADE PARA SEGMENTAÇÃO AUTORAL 148
OS FUNDAMENTOS ESTÃO PRESERVADOS? 156
DICIONÁRIO ATUAL DO ATENDIMENTO E RELACIONAMENTO 164

PARTE 5 · BONUS TRACK 171
EXPRESSÕES MCF: O OLHAR PARA O EXTRAORDINÁRIO 172
REFLEXÃO FINAL 222

PREFÁCIO

As décadas de dedicação à gestão de negócios nos permitem, vez ou outra, fazer um mergulho profundo na própria experiência profissional, e dali rememorar algumas lições aprendidas. Esse olhar carinhoso com o passado é importante para nos motivar para o futuro e relembrar de que, sim, somos capazes de aceitar e superar desafios se assim nos propomos a fazê-lo.

No entanto, nosso tempo é o presente, e é nele que uma marca deve focar seu plano de ação para se manter relevante ao longo dos anos e até mesmo dos séculos. Nos últimos anos, temos dialogado de forma recorrente com o mercado sobre a necessidade de nos tornarmos tradutores simultâneos da contemporaneidade. Isso significa interpretar rapidamente o que está acontecendo diante de nós, aproveitar de forma mais ágil as janelas de oportunidades e compartilhar os aprendizados.

Marcas centenárias de Luxo como Baccarat, fundada em 1765; Hermès, em 1837; e Louis Vuitton, em 1854, não são tão longevas à toa: elas souberam fazer a leitura correta do contemporâneo, entender os movimentos atuais de consumo e decifrar os códigos, sem abandonar sua essência.

Essa visão sistêmica, quando trabalhada com inteligência e embasamento, pode ser adaptada a qualquer ramo, como afirma Ferreirinha: "nem todas as marcas precisam, podem ou devem ser Luxo, mas todas podem se inspirar na inteligência desse modelo de negócios para agregar estrategicamente a Gestão do Luxo, como diferencial competitivo estratégico, aos seus produtos, serviços e operações".

Mas como transformar algo até então voltado aos mesmos resultados, à conformidade, em um **Olhar para o Extraordinário**? Esse é o panorama que iremos abordar nesta obra. Unindo a experiência do Luxo em gestão de negócios com a nossa vasta expertise no relacionamento com o cliente, o livro aponta caminhos para a compreensão dos novos códigos de consumo emocional, a fim de que o leitor adapte esse olhar para o seu próprio universo profissional, trabalhe insights e reveja comportamentos e atitudes que estejam travando novas oportunidades e perspectivas.

Iremos desdobrar e aprofundar parte do conteúdo estratégico desenvolvido no livro best-seller *O Paladar Não Retrocede*, agora sob o viés do atendimento e do relacionamento com o cliente que tenha padrões de exigência e expectativas elevadas. Nossa intenção não é apresentar uma fórmula pronta, um único atalho, mas conduzi-lo em uma leitura atenta e detalhada sobre clientes, seus diferentes perfis, suas manifestações de consumo e todo o conjunto de serviços que estimulam e favorecem a motivação de compra, seja qual for a área de atuação.

Com uma linguagem pragmática e direcionada para as equipes de atendimento, mas também a todos os interessados no tema em questão, **O Olhar para o Extraordinário** orienta o leitor sobre as diferentes competências e habilidades que tornarão sua abordagem – e consequentemente, a marca do cliente – ainda mais relevantes e diferenciadas com tempo, além de apurar seu olhar para reconhecer oportunidades de mercado e incrementar o seu repertório profissional.

Uma leitura essencial para qualquer profissional que deseja utilizar a Gestão do Luxo como fonte de inspiração e aprendizado para ir além do ordinário.

CARLOS FERREIRINHA
Fundador e Presidente da MCF Consultoria,
autor do livro **O Paladar Não Retrocede**

LEANDRO CREPALDI
Head da Luxury Academy, área de Projetos Especiais,
Conteúdo e Conhecimento da MCF Consultoria

APRESENTAÇÃO

A ROSA E O LUXO: UMA BELEZA SINGULAR
CARLOS FERREIRINHA

Nunca imaginei que um dia escreveria uma analogia entre Luxo e a obra *O Pequeno Príncipe*, de Antoine de Saint-Exupéry, muito menos que a capa do meu segundo livro teria esse clássico como inspiração. Parece clichê, mas o fato é que definitivamente se trata de um dos livros mais importantes na minha jornada. Tenho muitos "Pequenos Príncipes" em casa, em pinturas, quadros, bonecos, peças de decoração.

A rosa, símbolo de beleza e perfeição, inspira a humanidade há séculos. No universo do Luxo, essa flor tão delicada encontrou terreno fértil para florescer. Assim como o Pequeno Príncipe dedicava cuidados especiais à sua rosa única, as marcas de Luxo cultivam experiências exclusivas e atemporais, buscando a excelência em cada detalhe.

Uma joia rara, um perfume diferenciado, uma hospitalidade que emociona ou uma viagem inesquecível: cada detalhe é uma pétala das rosas que compõem o jardim sensorial do Luxo.

Embora simples, a rosa do Pequeno Príncipe era para ele o bem mais precioso, um símbolo de amor e dedicação. No universo do Luxo, a exclusividade também reside na singularidade, na história por trás de cada peça ou serviço, no cuidado artesanal e na experiência única que proporciona a cada cliente.

O planeta do Pequeno Príncipe era minúsculo, mas, para ele, representava todo um universo. Essa visão microcósmica reflete a essência do Luxo contemporâneo: a valorização do individual e da experiência personalizada, a busca por vivências autênticas e significativas, que transcendam o material e toquem a alma. Não se trata apenas de possuir bens materiais, mas também de vivenciar situações que enriqueçam a vida.

APRESENTAÇÃO

No clássico de Saint-Exupéry, a raposa ensina ao Pequeno Príncipe a importância da amizade, de criar laços fortes. Na dinâmica do Luxo, a construção de relacionamentos autênticos e duradouros é fundamental. A experiência do cliente, a personalização do atendimento e o estabelecimento de vínculos emocionais são elementos que diferenciam as marcas, afinal, o Luxo é uma jornada compartilhada, uma experiência que se constrói ao longo do tempo.

Sempre defendi a ideia de que o Luxo deve ser mais do que um símbolo de status; para muitos, é um estilo de vida, uma filosofia que busca o equilíbrio entre a sofisticação e o artesanal, a história, a riqueza de detalhes, o culto da diferenciação e do excepcional. Assim como o Pequeno Príncipe, que aprendeu a valorizar a essência das coisas, eu os convido a buscar autenticidade e significado em tudo o que fazemos. Autenticidade é uma dos traços mais importantes do Luxo, pleno em significados.

Ao voltar para seu planeta, o Pequeno Príncipe leva consigo uma famosa lição: "Tu te tornas eternamente responsável por aquilo que cativas". Ou seja: cada um de nós é responsável por cuidar do que ama. Na atividade do Luxo, essa responsabilidade também vem se traduzindo, cada vez mais, em um compromisso com a sustentabilidade, com a ética e com a responsabilidade social. As marcas de Luxo têm o poder de influenciar a sociedade e de promover mudanças positivas.

Tradicionalmente associado ao consumo, o Luxo está passando por uma transformação significativa. A nova geração de consumidores busca marcas que aliam sofisticação e sustentabilidade. A indústria da moda, por exemplo, tem adotado práticas mais sustentáveis ao utilizar materiais orgânicos e reciclados, reduzir o desperdício e investir na produção local. Essa tendência demonstra que é possível conciliar o desejo por produtos exclusivos com a preservação do meio ambiente.

A analogia entre o universo do Luxo e o clássico *O Pequeno Príncipe* revela que o Luxo vai muito além do material; é uma jornada em busca da essência, da beleza, da exclusividade e da experiência. E, como toda jornada, o aprendizado se faz ao percorrer o caminho. Espero que este livro possa cativá-lo em sua jornada rumo à inteligência da Gestão do Luxo, e expandir seu olhar para o extraordinário.

RESPEITÁVEL PÚBLICO: BEM-VINDO AO EXTRAORDINÁRIO
LEANDRO CREPALDI

Durante minha infância, acompanhei muitos espetáculos de circo pelo interior do país onde nasci. Recordo com nostalgia especialmente da abertura dessas apresentações, quando o mestre de cerimônias, com empolgação, convidava seu "respeitável público" a apreciar a apresentação que estava por começar.

Essa lembrança me acompanha cotidianamente, pois costumo traçar uma analogia entre o espetáculo e o atendimento ao cliente em muitos treinamentos que conduzo.

No universo do Luxo, o atendimento ao cliente não é apenas um processo, mas uma arte, um espetáculo que se desenrola a cada interação. Tal como em uma peça de teatro, cada profissional que entra em cena enfrenta seus desafios pessoais, mas, uma vez sob os holofotes, é essencial que ele neutralize suas questões internas para se entregar por completo ao momento.

A preparação para esse espetáculo começa muito antes do primeiro contato com o cliente. Há um estudo minucioso, uma dedicação à compreensão das necessidades e desejos do público. Assim como um ator que mergulha em seu personagem, o profissional que trabalha com atendimento em operações focadas em Luxo deve conhecer profundamente a marca ou a operação que representa, os produtos e serviços que oferece, e, acima de tudo, o cliente com quem se relaciona.

O sensorial desempenha um papel crucial nesse processo. Há uma obsessão pelos detalhes que permeia desde o ambiente acolhedor e elegante até a maneira como um produto é apresentado. Tudo é cuidadosamente orquestrado para criar uma experiência única e memorável. Assim como em uma apresentação, na qual cada elemento – luz, som, cenário – contribui para a magia do momento, no atendimento ao cliente com padrões de exigência elevados, cada ponto de contato é pensado para encantar e emocionar.

Em cena, o profissional que trabalha com atendimento em operações focadas em Luxo deve estar completamente presente, atento a cada movimento e palavra do cliente, pronto para adaptar sua abordagem às necessidades que surgirem. A comunicação não verbal, a entonação da voz, o olhar atento, tudo isso faz parte da entrega de um serviço que transcende o ordinário e demanda, muitas vezes, um exercício constante de empatia, alinhado à criatividade com foco na geração de um vínculo emocional que vá além da relação puramente comercial.

Esse espetáculo diário exige disciplina, comprometimento e sobretudo paixão pelo que se faz. O objetivo final é criar uma experiência tão impactante que aquele que opte por comprar conosco saia não apenas satisfeito, mas profundamente tocado, levando consigo uma lembrança inesquecível do atendimento recebido e do relacionamento construído ao longo da jornada.

Portanto, cada profissional que atua na atividade do Luxo carrega consigo a responsabilidade de conduzir o cliente por uma jornada única e sensorial, em que cada interação é uma oportunidade para criar histórias inesquecíveis por meio de uma expressão de arte que une técnica e emoção, encanta os sentidos e conquista o coração.

Cabe a você, leitor, o papel de ser esse guia atento e sensível, que transforma o ordinário em extraordinário e que não apenas encanta, mas também gera resultados duradouros, convertendo momentos em memórias e até mesmo em clientes que podem se tornar embaixadores da marca. O quão preparado você está para esse momento e de que forma pode desenvolver essas competências e habilidades?

PARTE I
CONTEXTO & PERSPECTIVA

INTRODUÇÃO

"Mais do que nunca, faz-se necessário reformatar nossas verdades, nossas certezas e nossas seguranças."

CARLOS FERREIRINHA

A tualmente, vivenciamos uma era pautada no limite das incertezas, da não previsibilidade. Guerras, desafios climáticos, instabilidade política, riscos de novas pandemias, impacto da inteligência artificial... O desafio atual não é apenas tentar prever o futuro, mas estar aberto para reagir rapidamente ao que vier pela frente.

Esse cenário inspira uma série de reflexões sobre as oportunidades, as adversidades e as alternativas de diálogo possíveis com clientes que têm padrões de exigência e expectativas elevadas, em especial no que se refere ao mercado brasileiro, nada óbvio e repleto de complexidades.

Verdades tidas até então como concretas migram cada vez mais para uma realidade mais líquida, moldável. O mundo mais objetivo e pragmático, pautado na razão, cede espaço para o predomínio da emoção. O desejo, que no passado não era o protagonista nas decisões, passou de figurante ao centro das atenções; a uniformidade e a rigidez cartesianas passam por um processo de readaptação, em que tudo é mais eclético, misturado.

O mundo é hoje muito mais diverso, plural, multifacetado. Um bom profissional deve saber adequar seu campo de trabalho a essa nova realidade, assim como um bom enxadrista adequa seus próximos passos conforme o jogo vigente.

Dentro desse contexto bastante heterogêneo, a pandemia acelerou ainda mais alguns indicadores que já estavam disponíveis no mercado, ao mesmo tempo em que apresentou desafios e possibilidades totalmente inéditos. A transformação digital, já fundamental para profissionais, marcas e empresas, alcançou um patamar de protagonismo expressivo durante o período pandêmico. Mais do que isso: imperativo.

Contatos, serviços e vendas, ensino e treinamentos – tudo isso teve de se adaptar a uma realidade remota em tempo recorde. Por mais que atualmente a emergência sanitária já tenha arrefecido, essa realidade veio para ficar.

Enquanto profissionais de inteligência e de Gestão do Luxo, temos tido o cuidado de observar atentamente não só as diversas movimentações desse mercado, como também analisar os nossos próprios passos nos últimos anos, nossa observação aos indicadores, às necessidades de transformações, adaptações e adequações. De que forma nós nos preparamos para lidar com novos cenários?

Além disso, deve-se compreender a necessidade de segmentar, estratificar, classificar informações de clientes sob uma inteligência muito mais atual, pautada nos novos tempos. Pode-se dizer que a segmentação é o "novo black", ou seja, um requisito básico para o sucesso dos negócios nos tempos atuais. "Dado é o novo petróleo" é um preceito defendido fortemente por Ferreirinha nos diversos projetos e falas da MCF.

Isso significa que informações, valores ou referências que temos estruturados na nossa cabeça não deveriam mais ser lidos da mesma forma. Marcas e empresas, profissionais de vendas, profissionais de marketing e comunicação já deveriam ter uma estratégia mais inclusiva do que exclusivista para os novos perfis de consumidor.

Deve-se readaptar a linguagem habitual para uma mais contemporânea, que englobe os novos *clusters* de consumo do Luxo, as novas regiões de expansão mercadológicas, a possibilidade de complementação para novos canais de diálogo, de engajamento e de interação com o cliente. Mais do que isso, entender os novos padrões de riqueza e os novos códigos disponíveis na sociedade faz toda a diferença para o profissional que atende o cliente de alta renda.

Sob esse ponto de vista, uma das ferramentas mais importantes e necessárias de relacionamento com o consumidor com altos padrões de exigência passou a ser o *CLIENTELING* – isto é, manter um relacionamento contínuo com os clientes, ter réguas de relacionamento, criar processos que garantam a manutenção, desenhar os momentos de interação e engajamento.

Empreendedores e profissionais que desejam se aprofundar no entendimento e particularidades do cliente de alta renda e/ou clientes com padrões elevados de expectativas, seja ele seu público-alvo ou fonte de inspiração, precisam compreender que o Luxo tem muito a ver com excepcionalidade.

"Luxo é o estado da arte da Excelência. O patamar máximo do Extraordinário". Essa frase do Ferreirinha demonstra que trabalhar no posicionamento do Luxo demanda persistência, insistência, resistência e tempo. Mais do que isso: requer obsessão por detalhes, comprometimento imperativo com a excelência, além de investimentos em treinamentos, capacitação e desenvolvimento das pessoas – características necessárias em muitas atividades, mas intensificadas, exacerbadas, na atividade do Luxo.

Acima de tudo, trabalhar com o Luxo é uma aventura de repertório, estímulos e motivações emocionais. Em nosso dia a dia profissional, é comum nos depararmos com empresas que investem consideravelmente na ambientação dos espaços, em tecnologias aplicadas, em comunicação, mas não dedicam o mesmo protagonismo no desenvolvimento da equipe. A gestão de pessoas, por consequência, acaba sendo um grande "gargalo" das operações.

Os investimentos em treinamento na maioria das vezes recaem sobre processos internos ou produtos, e em alguns casos, complementados com técnicas tradicionais de vendas, quase que as mesmas dos últimos anos ou desde sempre. Comportamento, postura, repertório em temas-chave do *lifestyle* do cliente são pouco explorados. Munir-se de informações coletadas durante uma pesquisa ou atendimento é um fator estratégico de grande relevância no relacionamento com o cliente.

Tudo isso será destrinchado nas páginas a seguir. Ao longo dos capítulos, traremos depoimentos de diversos gestores que trabalham com o Luxo e também operações que dialogam no posicionamento do elevado Prestígio e Premium, além de cases da MCF, nossa consultoria, demonstrando que todo o repertório teórico descrito por nós pode – e deve – ser colocado na prática.

Por meio da nossa experiência, iremos guiá-lo pela Inteligência da Gestão do Luxo da maneira mais embasada e direta possível, de modo a decifrar o que há de mais atual no diálogo com o cliente, enriquecer o repertório de suas equipes e aumentar as vantagens competitivas da sua marca ou operação.

O OLHAR DO GESTOR

"Na MCF, valorizamos verdadeiramente a transformação através do ser humano. Nosso time, nossos colaboradores, têm a prioridade. Mesmo sendo um negócio que demanda competências técnicas, é por meio das habilidades interpessoais que fazemos a diferença, por isso, não medimos esforços para cuidar de cada um. Em tempos de inteligência artificial, acreditamos que isso se tornará também um dos nossos principais diferenciais estratégicos.

Procuramos, continuamente, incentivar a preferência do time pela MCF, estimulando, instigando, conectando e gerando curiosidade. Para isso, fornecemos um ambiente seguro, onde errar faz parte do processo de acertar. Estamos abertos a discussões e trocas, que devem ser uma via de mão dupla. Em um negócio no qual o conhecimento é central, a diversidade de conhecimentos e repertórios é fundamental.

Acreditamos que o fato de sermos escolhidos pelos profissionais que fazem parte do nosso time é o estímulo que nos impulsiona do ponto de vista da gestão de pessoas. E como engajar? Despertando a paixão.

Somos um hub de conhecimento, e nada é mais apaixonante para pessoas curiosas do que a possibilidade de conexão e aprendizado. Aqui, conectamos marca com marca, pessoa com pessoa, história com história através de workshops, experiências vivenciais, biblioteca e ferramentas de pesquisa, viagens exploratórias e de conhecimento, eventos de convívio entre os times, um canal aberto para discussões e reclamações, diversidade de gênero, idade, religião, entre outros.

Este é o 'combo MCF' de engajamento dos nossos times – humano com humano."

MARTIN GUTIERREZ
Senior Partner e Head MCF Consultoria

O LUXO COMO
PATAMAR MÁXIMO
DO EXTRAORDINÁRIO

> "Nem todas as marcas podem ou devem ser de Luxo, mas absolutamente todas, sem exceção, podem aprender com a Inteligência da Gestão do Luxo."
>
> **CARLOS FERREIRINHA**

As reflexões sobre a origem do Luxo são antigas e abundantes, tanto sobre a etimologia da palavra quanto do histórico por trás do termo, muitas vezes com grandes discordâncias.

Uma das definições de Luxo mais comumente utilizadas – adotadas por nós, inclusive – é proveniente do latim: *lux* (luz). Entendemos "Luxo" como uma fonte de luz que orienta nossos projetos e todo o conteúdo voltado para treinamentos e capacitações. E, além disso, usamos a Luz como uma analogia que somos nós que educamos o cliente sobre quem somos, como e onde nos diferenciamos. Como se jogássemos o foco de Luxo no que queremos que os clientes entendam, percebam, sintam.

Muito além do comportamento do consumo, o Luxo é uma inspiração de excelência em todos os seus pontos de contato com o cliente. A atividade das marcas de Luxo são fonte de inspiração por serem *setters*, ou seja: elas antecipam movimentos, estabelecem tendências, são capazes de ousar como poucas. Muitas vezes, são essas marcas as primeiras a inovar no mercado, a assumir riscos, a traçar um desenho de longo prazo conforme as leituras do tempo presente.

Assim, para a MCF e o nosso trabalho de Consultoria, o Luxo representa uma inteligência estratégica de diferenciação tanto no que se refere a marcas, operações e produtos quanto em relação ao desenvolvimento de competências e habilidades profissionais que possam reforçar diferenciais do profissional no mercado de trabalho.

Como dito anteriormente, Ferreirinha sempre afirma que "O Luxo pode ser considerado o estado da arte da excelência; o patamar máximo do extraordinário". Tal definição é inerente à cultura da nossa Consultoria e guia nossas soluções e direcionamentos ao destacar produtos e serviços, ressaltar seus atributos de diferenciação e desenvolver vantagens competitivas para os clientes.

A modelagem de negócios das marcas de Luxo demonstra que essas operações são incansáveis na busca por sua contemporaneidade e pelos sinais de perfeição dentro do que se propõem a criar. São inquietas, disruptivas e exímias contadoras de histórias. Por isso, geram experiências genuínas e tangíveis e oferecem produtos e serviços com alma.

LUXO COMO FONTE DE INSPIRAÇÃO

O mundo não é composto de Luxo, tampouco o Luxo define tudo aquilo que é melhor. No entanto, ele é uma excelente fonte de inspiração para modelos de negócios que queiram elevar o patamar de seus produtos e serviços.

São muitas as referências de marcas de Luxo que conseguiram atravessar guerras, pandemias, catástrofes e continuam sendo desejadas por parte de seus consumidores. São referências em comunicação, atendimento, arquitetura, relacionamento, pós-venda, segmentação e posicionamento de marca, e trabalham exaustivamente para atingir a excelência em todos os temas-chave da Gestão do Luxo.

Independentemente do público-alvo ou do ramo de atuação, o cliente está cada vez mais informado; ele se depara diariamente com operações, produtos e serviços que alavancam sua expectativa. A padaria não é mais a mesma, o posto de gasolina não é mais o mesmo. A farmácia, o açougue e a cafeteria já elevaram seus padrões de atendimento. O que era básico e trivial elevou patamares de linguagem, produtos e serviços fortemente nos últimos anos.

Não à toa, o primeiro livro desta série se chama *O Paladar Não Retrocede*: a partir do momento que nós, consumidores, provamos algo diferenciado, o nosso olhar muda, o nosso gosto torna-se mais apurado, a nossa expectativa se altera e nosso nível de exigência passa a ser muito mais elevado.

Vivemos tempos de mudanças extraordinárias, e novos tempos demandam novas competências, novas aspirações e novas habilidades. É justamente nesse ponto que o Luxo pode ser o trampolim para o extraordinário.

O OLHAR DO GESTOR

"A palavra-chave no segmento de Luxo é 'conexão'. Para se tornar relevante, é necessário criar um vínculo emocional com os consumidores, entender seus desejos e necessidades, e entregar mais do que produtos, mas sim experiências que ressoem com seus valores e estilo de vida. Essa conexão autêntica é o que garante a lealdade do cliente e a longevidade da marca no mercado de Luxo.

Um dos principais desafios na atividade do Luxo é evitar cair na armadilha do 'mais do mesmo'. Marcas de Luxo precisam manter sua exclusividade enquanto atraem novos clientes, o que exige um delicado equilíbrio entre modernidade e tradição. As gerações mais jovens estão cada vez mais influentes no mercado de Luxo, mas manter a essência e a história que são a alma das marcas de Luxo é essencial."

LAURITA MOURÃO
Managing Director Tiffany & Co. Brazil

DESMISTIFICANDO
O LUXO

> *"Luxo é uma ferramenta poderosa. Pode elevar, modificar, inspirar. Pode sustentar o legado de uma marca nos corações e mentes dos consumidores."*
>
> **THE O GROUP**

Consumidores, quase em sua totalidade, fazem escolhas diárias por produtos que ofereçam algum tipo de diferenciação. Seja por sabores ou aromas que remetem a alguma memória, por uma embalagem especial ou até mesmo por uma proposta que prometa trazer algum tipo de conforto.

Ao optar por uma lâmina de barbear tripla em vez de uma lâmina simples, há uma escolha que vai além da necessidade ou da função. Um sorvete sabor "petit gâteau", por exemplo, pode despertar curiosidade pelo termo em francês, ainda que a sobremesa seja desconhecida por parte do público. Pode ser também um *recall* de mercado, uma vez que já foi um dos pratos mais comumente servidos em restaurantes sofisticados pelo país.

No Luxo, o que difere é a elasticidade dessa despesa em busca da diferenciação, do único, do especial. Marcas de Luxo conseguem entregar valor a seus clientes, tornando o preço coadjuvante. O poder de consumo é o que distingue as nuances dessas escolhas.

É comum que nutramos uma paixão pelo supérfluo, por algo que vá além da necessidade. Não à toa, os consumidores se tornam acumuladores de itens muitas vezes nunca utilizados. Cria-se um apego sentimental que denota um prazer sutil, e algumas marcas são exímias em despertar tais desejos.

As marcas de Luxo garantem diálogos e conexões pelos estímulos emocionais, incrementam serviços a cada oportunidade, relacionam-se constantemente com seus clientes, treinam à exaustão os roteiros de atendimentos, exploram, estimulam e desenvolvem a sinestesia.

Além disso, conseguem defender seus preços com segurança, são extraordinárias *storytellers*, possuem produtos/serviços que se tornam ícones e trabalham muito bem a personalização.

O Luxo dialoga com o extraordinário e o excepcional e trabalha minuciosamente a perfeição, mas garante a tradição por meio de sua relevância no tempo. Também proporciona a percepção do único e do raro, do exclusivo, sem deixar o negócio estagnar. Assim, além de atuar em constante evolução, ainda proporciona experiências únicas.

O que podemos abstrair disso é: não basta mais ser excelente; é preciso ir além. O diferencial competitivo está na relevância contemporânea. E contemporaneidade é dialogar com o tempo presente. Devemos convidar nossos clientes para vivenciarem experiências, através do estímulo dos sentidos e do encantamento. Precisamos transformar produtos e serviços em desejos, conduzindo a emoção do cliente por meio da estratégia.

O OLHAR DO GESTOR

"O que diferencia um bom profissional de um profissional excepcional vai além do que está escrito no currículo; o candidato tem que ter brilho nos olhos. Ao contratar membros para a equipe da loja, costumo perguntar sobre histórias pessoais que marcaram o candidato e o porquê dessas experiências serem significativas. Já contratei pessoas com currículos 'mornos', mas que, durante a entrevista, se destacaram por sua admiração e conhecimento sobre a empresa e o setor, além de identificarem desafios e oportunidades sob sua própria perspectiva.

A excepcionalidade na entrevista quase transcende o racional e alcança o emocional, quando o candidato demonstra sua paixão e seu desejo de pertencer à empresa. A pergunta mais desafiadora e decisiva que faço é: 'O que é importante para você?'. Respostas excelentes incluem: 'Trabalhar em uma empresa que compartilhe dos meus valores e princípios pessoais, e que através do trabalho eu possa atingir parte do meu propósito de vida'."

NATALIE KLEIN
Fundadora NK Store

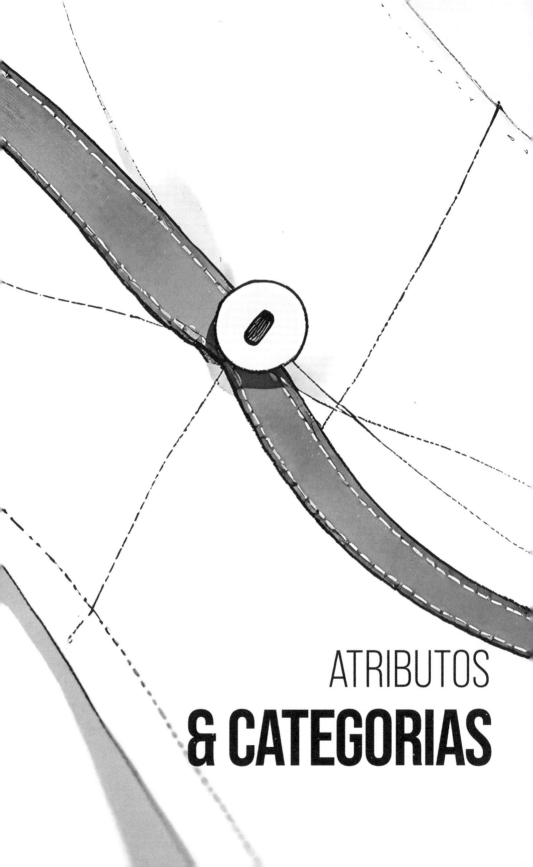

ATRIBUTOS
& CATEGORIAS

"A tomada de decisão do consumo do Luxo acontece quando a emoção ultrapassa a razão."

CARLOS FERREIRINHA

Q uando um produto ou serviço é considerado de Luxo?
Existem atributos imprescindíveis para essa diferenciação. Alguns deles são mais facilmente reconhecíveis, outros demandam um olhar mais apurado, mas juntos eles compõem a essência daquilo que pode ser definido como um produto, um serviço ou uma atividade do Luxo. Ao longo dos anos, por meio de estudos internos e projetos nos mais variados ramos de atuação, compreendemos e compilamos essas características que diferenciam o comum do excepcional.

ATEMPORALIDADE
Um produto ou serviço de Luxo não perece nem demonstra traços do tempo; ele perdura com o passar dos anos, décadas, até mesmo séculos: sua reputação é eterna.

EXCLUSIVIDADE
O Luxo não está disponível para qualquer um, a qualquer momento, a qualquer hora ou a qualquer preço. Um quê de mistério e exclusividade é essencial para essa atividade.

UNIVERSALIDADE
Talvez um dos quesitos mais desafiadores para marcas que almejam alcançar um patamar global. Todo produto ou serviço que envolva o Luxo deve agregar elementos capazes de fazer com que ele seja reconhecido em diferentes regiões do mercado.

TRADIÇÃO

A história da marca contada de maneira consistente, pontuada ao longo do tempo. E, neste caso, nada tem a ver com a quantidade de tempo passado, mas sim o quão relevante a marca se apresenta no decorrer dele. Na MCF, dizemos sempre que tradição não quer dizer quantos anos a empresa tem, mas quem somos nós ao longo do nosso tempo!

BELEZA

A beleza construída e estratégica é fundamental no Luxo. Os produtos precisam despertar o desejo do consumidor.

QUALIDADE

A qualidade indiscutível é parte essencial do Luxo. Ou há qualidade, ou não há; essa é uma premissa inerente a um produto ou serviço de Luxo.

ORIGINALIDADE

O Luxo é comprometido com o novo, com o original. Ele vai ao encontro de movimentos que inovam e busca constantemente a contemporaneidade, sem deixar a autenticidade de lado.

PERFEIÇÃO

Por fim, mas não menos importante, o Luxo pauta-se sempre pela atenção aos detalhes, por uma espécie de obsessão que estimula e desafia a todo o momento. É quase místico. É o sinal da perfeição, do impecável.

Aqui, vale contextualizar também as diferentes categorias de produtos e serviços, que trabalhamos em nossas estratégias. Costumamos classificá-las em três vertentes: acessível, intermediário e absoluto.

LUXO ACESSÍVEL

Marcas que permitem a experimentação têm um ticket médio mais democrático e representam expressivo volume de vendas. São mais fáceis de ser encontradas, estão presentes e disponíveis para uma base maior de consumidores.

LUXO INTERMEDIÁRIO

Pressupõe artigos com um ticket médio mais elevado e menor disponibilidade. Contudo, permite acessos mais amplos, principalmente por meio da matéria-prima e origem de fabricação, mesclando, por exemplo, prata com metais preciosos, couro e tecidos. Deve ficar claro que tais produtos e serviços são opções anteriores à próxima categoria de consumo.

LUXO ABSOLUTO

Também denominado inacessível, é responsável por transmitir a essência da marca ao máximo e os preços acompanham essa essência. Detentoras de DNA inacessível, entretanto, englobam muitas vezes categorias de produtos que almejam um número maior de consumidores, exercitando, assim, seu maior acesso.

Esses detalhes de embasamento, contextualização e expansão de conhecimento dentro do universo do Luxo parecem simples, mas são essenciais quando se quer gerar maior conexão com o cliente, seus desejos e possibilidades. O Luxo demanda profundidade, e esses conceitos são importantes nos desdobramentos para atendimento e relacionamento com foco no olhar para o extraordinário.

O OLHAR DO GESTOR

"Marcas como a TAG Heuer possuem diferentes níveis de relacionamento com seus clientes. Para neutralizar frustrações de clientes não convidados para eventos exclusivos, é essencial entender profundamente quem são esses clientes e seu estágio de relacionamento com a marca. Isso permite aplicar métricas corretas em ativações e garantir que todos se sintam valorizados.

A marca deve criar ações inclusivas, comunicando de forma clara e transparente que eventos exclusivos dependem do nível de relacionamento e, ao mesmo tempo, guiar novos clientes em sua jornada, fazendo-os sentir parte da comunidade.

Um cliente novo deve desejar participar de eventos exclusivos, sabendo que a marca se preocupa com todos, por isso, deve-se garantir uma participação rotativa nos eventos ao longo do ano. Nesse aspecto, o CRM é um ativo valioso e deve ser utilizado de forma eficaz."

FREDDY HABBAT
CEO TAG Heuer

> *"Se não puder correr, ande. Se não puder andar, rasteje. Mas continue em frente de qualquer jeito."*
> **MARTIN LUTHER KING**

No cotidiano de uma consultoria que aplica o Luxo ao atendimento, os questionamentos são abundantes e corriqueiros. Qual a diferença entre Luxo e Premium? Como se configura essa diferenciação? Tal marca é Luxo ou é Premium?

Em um mercado como o brasileiro, no qual marcas internacionais saem de um local com um determinado posicionamento e chegam ao país com um outro tipo de percepção em razão da escassez, do ticket médio final após impostos e até da comunicação ousada, essas dúvidas são muito pertinentes.

Por isso, em nossos projetos de consultoria, costumamos utilizar a expressão "pílulas do Luxo" para definir códigos, símbolos, fundamentos e verdades que levem a uma percepção de marca mais elevada. É uma oportunidade para "subir degraus" em posicionamento e comunicação, aprimorar seu brand experience ou até mesmo potencializar seu atendimento.

O Premium costuma carregar consigo dosagens desse Luxo em menor escala, e obviamente com um ticket médio menor.

Enquanto o Luxo é pautado por prestígio, exclusividade, legado de marca, artesania (e, acima de tudo, sua capacidade ímpar de autenticidade genuína e única), o Premium é pautado pela qualidade, foco em inovação e na centralidade do cliente, com uma proposta de valor clara e oportunidade de maior acessibilidade à marca. No entanto, não deixa de flertar com o prestígio e a exclusividade; proporciona a seus clientes uma percepção, numa dosagem menor, desses dois fundamentos do Luxo para uma base maior de clientes, garantindo, assim, também a desejabilidade por seus produtos e marcas.

Enquanto no Luxo a identidade de marca é um dos alicerces na tomada de decisão do cliente especial, o Premium concentra seus esforços na relação custo x benefício e na busca pela vantagem competitiva pautada pela inovação e atrelada ao que há de mais atual em tendências e tecnologias.

Nespresso e Apple, por exemplo, são importantes cases de marcas Premium que bebem da Inteligência da Gestão do Luxo em diferentes momentos. São operações pautadas na inovação e extremamente focadas na experiência do cliente.

O exercício aqui, mais uma vez, é gerar repertório, decifrar as diferentes vertentes e esclarecer dúvidas recorrentes que permeiam o mercado. O consultor de vendas tem também um papel de educar o consumo. Com o excesso de informações disponíveis, mas nem sempre objetivas, na palma da mão, o cliente especial tem no consultor de vendas a confiança necessária para a validação de parte de suas percepções, ou ainda para a descoberta de novos conceitos dentro do ecossistema de consumo que ele permeia ou deseja.

O OLHAR DO ESPECIALISTA

"No universo sofisticado dos automóveis de Luxo, clientes de altíssimo padrão demandam uma experiência de compra que reflita a exclusividade e o bom gosto de suas escolhas. Para conquistar esses clientes, executivos de vendas devem estudar perfis comportamentais para estratégias de comunicação com o objetivo de compreender profundamente os desejos e o estilo de vida de cada cliente de forma que transcendam o mero ato de vender, transformando cada interação digital ou física em uma sinfonia de elegância e atenção ao detalhe."

DANIEL FAINGEZICHT
Especialista em Treinamento de Luxo e Premium Automotivo

O LUXO
ATRAVÉS DO TEMPO

> *"A melhor maneira de prever o futuro é criá-lo."*
> **PETER DRUCKER**

O Luxo tem raízes muito mais antigas e profundas do que a maioria de nós imagina e conhecer essa história enriquece imensamente a bagagem de quem trabalha neste ramo.

Já na Pré-história, quando o homem passou a utilizar vestimentas em couros de animais e a acessórios feitos de ossos ou pedras, buscava-se pela diferenciação, pela identidade individual, pela identificação de gostos e desejos.

Ao longo de nossas pesquisas e estudos sobre as origens do Luxo, percebemos que a Antiguidade foi marcada por um Luxo ligado ao sagrado, aos talismãs, às oferendas, ao conhecimento da escrita. Um período em que o acúmulo de posse era menos importante que seu dispêndio.

Na Idade Média (séculos 5 a 15) e também no primeiro período do Renascimento (que durou entre os séculos 16 e 17, aproximadamente), deu-se o processo de distinção social. Foram eras nas quais o saber era, em grande parte, controlado pela Igreja. Surgem a joalheria, os diferenciais de arquitetura na França e a diferenciação em perfumaria e tabaco. O Luxo também estava muito presente no vestuário, na fartura dos alimentos e no consumo de bebidas pela aristocracia.

A Modernidade (séculos 15 a 18), marcada pelo movimento do Iluminismo ou "século das luzes", insere o homem no centro do universo, quebrando a dominação da Igreja sobre o conhecimento e promovendo uma forte aceleração no consumo do Luxo. Trata-se do período da ascensão da burguesia, da Revolução Industrial, da compra de títulos e da imitação do estilo da nobreza. Nessa época, os industriais utilizavam cartolas que remetessem às chaminés de suas indústrias, numa clara necessidade de se diferenciar dentro do seu meio social.

Por fim, chegamos à Idade Contemporânea (século 18 até os dias atuais), marcada pela La Belle Époque e pela supremacia da França no comportamento de consumo. Essa hegemonia francesa fez despontar marcas de Luxo como Louis Vuitton e Cartier, frutos da busca constante por produtos diferenciados. Além disso, foi nesse período que aflorou a democratização do Luxo, com a aquisição de marcas familiares por grandes conglomerados e o avanço da moda por meio de coleções "ready-to-wear".

BELLE ÉPOQUE TROPICAL

O Brasil tem uma maturidade de consumo muito mais jovem em relação à Europa. O comportamento de consumo do Luxo começou a se destacar na chamada Era Dourada, período considerado como a *Belle Époque Tropical*. Esse movimento teve início entre o fim do Império e a Proclamação da República (1899) e se prolongou até a Semana de Arte Moderna de 1922. O intervalo foi marcado ainda pelo fim da escravidão e o surgimento do trabalho livre.

Vale notar que, na época, o poder econômico da burguesia cafeeira do período fez São Paulo despontar como grande referência no consumo de Luxo no país, em detrimento da Capital, naquela época sediada no Rio de Janeiro (1763 até 1960). A proximidade com o porto de Santos, local de chegada dos produtos importados, fez crescer ainda mais o número de imigrantes comerciantes bem-sucedidos. A elite não era mais somente dominada pelos sobrenomes de famílias tradicionais, e a nova classe alta saiu em busca de itens que a diferenciasse da população em geral.

Foi assim que emergiram no cenário os bairros aristocráticos, como a Avenida Paulista, inaugurada em dezembro de 1891, o bairro Higienópolis, por volta de 1895, e na sequência os Jardins (Jardim Paulistano, Jardim Europa e Jardim América), por volta de 1910. Na década de 1960, a rua Augusta era a via preferida da elite paulistana e chegava a ser fechada nos finais de semana.

PONTOS DE REFERÊNCIA DO LUXO PAULISTANO

Em 1966, foi inaugurado o Shopping Iguatemi, primeiro shopping center do país, uma das primeiras referências para consumo relacionado ao Luxo na cidade de São Paulo. À época, com a explosão do trânsito e da criminalidade, houve a migração desse tipo de consumo para a Avenida Faria Lima e para a região da Rua Oscar Freire.

O governo paulista havia batizado a rua icônica de São Paulo de Oscar Freire em 1923, homenageando o cientista, professor e médico-legista baiano, um prodígio que se formou em medicina aos 18 anos de idade. De acordo com a Excellence Mystery Shopping Internacional – que reúne mais de 50 institutos de pesquisa internacionais –, a Rua Oscar Freire já esteve posicionada em oitavo lugar dentre as ruas de maior destaque do Luxo no planeta. Atualmente, perdeu espaço após a expansão de operações de Luxo indoor na cidade.

A inauguração da Daslu foi outro ponto de destaque na história do Luxo no país. Sua operação teve início pelas mãos de Lucia Piva Albuquerque e de Lourdes Aranha, em 1958, num endereço residencial no bairro da Vila Nova Conceição, em São Paulo, e chegou a contar com 23 imóveis totalmente dedicados para a venda de acessórios de moda e vestuário.

O formato mais intimista, sem vitrine, com desfiles internos para suas clientes e até uma publicação exclusiva com os destaques em produtos e tendências de moda conquistou a alta renda brasileira. A partir de 1990, a operação cresceu de forma exponencial. Sob o comando da filha de Lucia Piva, Eliana Tranchesi, os negócios atingiram seu auge em 2005, com a mudança do endereço para a Vila Olímpia, e também de nome para Villa Daslu, englobando cerca de 70 marcas de Luxo internacionais.

A partir dos anos 2000, podemos acompanhar um boom em operações com foco no público de alta renda. Foi nesse período que surgiram o Shopping Cidade Jardim (São Paulo), em 2008 e Shopping Iguatemi Brasília, em 2010, além do Pátio Batel (Curitiba), JK Iguatemi (São Paulo), Village Mall (Rio de Janeiro), RioMar (Recife), em 2012, e ainda a readequação do Shopping Flamboyant (Goiânia) em 2014. Essa expansão aconteceu porque grande parte das marcas internacionais decidiram montar operações diretas no país e investir em regiões menos óbvias no consumo do Luxo.

Mas por que essa retrospectiva deve interessar a quem trabalha com atendimento e relacionamento ligados ao Luxo? Compreender parte dessas particularidades através do tempo, além de enriquecer nosso repertório, permite um olhar mais aprofundado inclusive do comportamento atual do cenário. O resgate do passado é fundamental para uma compreensão mais abrangente do presente e para delinear perspectivas futuras.

Atuar diariamente no diálogo com o cliente com padrões e expectativas de exigência elevados demanda do profissional uma competência de explorar e contar histórias. Por isso é importante aprofundar o conhecimento dentro do universo do Luxo no mundo e no país, para favorecer esse ambiente de aprendizado em sua essência. Isso ajuda a criar uma conexão mais profunda do profissional com o ecossistema em que ele atua, contribuindo para a consolidação de seu aprimoramento contínuo com foco no extraordinário.

O OLHAR DO GESTOR

"Compreender as tendências atuais, o comportamento dos consumidores de Luxo e a concorrência é vital. Isso inclui estar atualizado com as últimas inovações e mudanças no setor. Afinal, estar conectado faz parte da experiência real em empresas de Luxo. Isso demonstra familiaridade com os padrões de qualidade, expectativas dos clientes e nuances do mercado.

A capacidade de construir relacionamentos sólidos é crucial e para profissionais envolvidos na criação ou na curadoria de produtos de Luxo; a criatividade e a sensibilidade estética são diferenciais importantes.

E uma qualidade sine qua non: habilidade social para lidar com ambientes diversos. O mercado do Luxo é fascinante por abraçar diferenças adiante do seu tempo. Esses elementos juntos formam a base para um profissional de sucesso no segmento de Luxo."

CARLA ASSUMPÇÃO
General Manager LATAM Swarovski

IMPÉRIOS E INDEPENDÊNCIA:

UM OLHAR SOBRE O UNIVERSO DAS MARCAS E CONGLOMERADOS DE LUXO

"Feliz daquele que entende que é preciso mudar muito para continuar sendo o mesmo."
DOM HELDER CÂMARA

Todo o olhar proposto nesta obra está voltado para a Inteligência da Gestão do Luxo. O profissional que atua nessa área deve ser e se mostrar conhecedor do ramo em que atua. Para criar esse *background*, deve saber ao menos um breve histórico de algumas de suas maiores fontes de inspiração.

Parte do universo das marcas de Luxo pertence a conglomerados que controlam diversas operações em diferentes ramos e atividades de atuação. A formação desses grandes grupos tem uma trajetória recente na história e é responsável pela expansão mais acelerada do Luxo nas últimas décadas.

Ainda assim, algumas das marcas de Luxo mais valiosas do planeta permanecem como empresas independentes, resilientes às fusões que ocorrem no mercado de forma cada vez mais frequente. O termo "independente", aliás, costuma ser vinculado a operações menores, fora do *mainstream*, por isso, pode até causar um certo estranhamento ao ser associado a marcas tão renomadas como a Chanel, por exemplo.

Há, ainda, grupos e conglomerados com uma atuação diversificada. Possuem em seu portfólio marcas de Luxo, mas também marcas acessíveis. É o caso do Grupo Volkswagen, cuja marca mais democrática é reconhecida globalmente, no entanto, é também dono das marcas Porsche, Bentley e Lamborghini.

O mesmo acontece no ramo da Hotelaria. A Accor, por exemplo, é uma escola de segmentação com hotéis voltados para os mais variados públicos, com um olhar estratégico para o *lifestyle* do cliente. Em seu portfólio, há redes como o Ibis, mais acessível e democrático, até Fairmont, Sofitel, MGallery e Emblems Collection, voltados para o cliente com padrões de exigência e expectativas elevadas.

Se considerarmos somente os conglomerados exclusivamente voltados para o universo da alta renda, temos um importante case no Brasil: o grupo JHSF, que se consolidou como o principal conglomerado de Luxo no país.

Independentemente do segmento ou ramo de atividade, é valioso conhecer parte desse universo para, além de incrementar repertório, compreender algumas particularidades de operações que se tornaram escola de negócios ao longo do tempo.

GRUPO LVMH

O grupo Louis Vuitton Moët Hennessy, maior conglomerado de Luxo no planeta, tem como presidente e CEO o empresário francês Bernard Arnault, que controla cerca de 75 marcas com foco no cliente de alta renda dos mais variados segmentos: beleza, bebidas, hospitalidade, mobilidade, moda, joalheria, dentre outros.

LVMH

Wine & Spirits
AO YUN
ARDBEG
BELVEDERE
BODEGA NUMANTHIA
CHANDON
CHEVAL DES ANDES
CHÂTEAU CHEVAL BLANC
CHÂTEAU GALOUPET
CHÂTEAU D'YQUEM
CLOUDY BAY
COLGIN CELLARS
DOM PÉRIGNON
DOMAINE DES LAMBRAYS
EMINENTE
GLENMORANGIE
HENNESSY
JOSEPH PHELPS
KRUG
MERCIER
MOËT & CHANDON
NEWTON VINEYARD
RUINART
TERRAZAS DE LOS ANDES
VEUVE CLICQUOT
VOLCAN DE MI TIERRA
WOODINVILLE

Perfumes & Cosmetics
ACQUA DI PARMA
BENEFIT COSMETICS
CHA LING
FENTY BEAUTY BY RIHANNA
FRESH
GIVENCHY PARFUMS
GUERLAIN
KVD BEAUTY
KENZO PARFUMS
LOEWE PERFUMES
MAISON FRANCIS KURKDJIAN
MAKE UP FOR EVER
OLEHENRIKSEN
OFFICINE UNIVERSELLE BULY
PARFUMS CHRISTIAN DIOR
STELLA BY STELLA MCCARTNEY

Selective Retailing
24S
DFS
LA GRANDE ÉPICERIE DE PARIS
LE BON MARCHÉ RIVE GAUCHE
SEPHORA

Fashion & Leather Goods
BARTON PERREIRA
BERLUTI
CELINE
CHRISTIAN DIOR
FENDI
GIVENCHY
KENZO
LOEWE
LORO PIANA
LOUIS VUITTON
MARC JACOBS
MOYNAT
PATOU
PUCCI
RIMOWA
VUARNET

Other Activities
BELMOND
CHEVAL BLANC
CONNAISSANCE DES ARTS
COVA
INVESTIR
JARDIN D'ACCLIMATATION
LE PARISIEN
LES ECHOS
PARIS MATCH
RADIO CLASSIQUE
ROYAL VAN LENT

Watches & Jewelry
BVLGARI
CHAUMET
FRED
HUBLOT
REPOSSI
TAG HEUER
TIFFANY & CO
ZENITH

Engenheiro de formação, Bernard iniciou sua carreira trabalhando na construtora do pai. Sua jornada no universo do Luxo teve início com a compra de um grupo de empresas de varejo em 1984, que tinha no seu portfólio a Maison Christian Dior, muito admirada por sua mãe.

Em 1988, Bernard Arnault foi convidado a investir na então recente fusão das empresas Louis Vuitton e Moët Hennessy, que deu origem à LVMH. Em pouco menos de um ano, ao adquirir cotas de ações do grupo, Bernard Arnault se tornou o presidente do grupo, em janeiro de 1989, e permanece à frente da operação até os dias atuais. Apesar de não ter sido o fundador do conglomerado LVMH, Arnault assumiu a presidência logo após a fundação, e é o grande responsável pelo império construído até então.

Todos seus cinco filhos – com exceção do mais novo – trabalham na LVMH, ocupam posição no conselho de administração do grupo e estão em cargos executivos, à frente das principais marcas do conglomerado.

Em 2020, o grupo impressionou o mundo ao comprar a Tiffany & Co por mais de 16 bilhões de dólares, na maior transação do varejo do Luxo da história. O conglomerado segue atento a todas as movimentações de mercado para seguir na liderança e oxigenar cada uma de suas marcas em busca de contemporaneidade, para manter-se relevante do tempo presente.

GRUPO KERING

O grupo Kering, outro grande destaque dentre os conglomerados de Luxo no mercado, foi fundado pelo francês François Pinault e controla cerca de 16 marcas de Luxo nas atividades de moda, acessórios em couro, relógios e joalheria.

KERING

Couture and Leather Goods
ALEXANDER MCQUEEN
BALENCIAGA
BOTTEGA VENETA
BRIONI
GUCCI
SAINT LAURENT

Others
GINORI 1735
KERING BEAUTÉ
KERING EYEWEAR

Jewelry
BOUCHERON
DODO
POMELLATO
QEELIN

Pinault começou a trabalhar aos 16 anos na madeireira do pai e, em 1963, fundou a própria empresa, com foco no comércio de madeiras e materiais de construção. Foi somente a partir de 1992 que o francês tomou a decisão de expandir sua atuação para outros segmentos, ao adquirir a loja de departamento Au Printemps.

Na sequência, Pinault mergulhou no universo do Luxo, ao comprar participação na casa de leilões britânica Christie's. Mas foi a partir da aquisição da Casa Gucci que o grupo se firmou ainda mais no universo do cliente de alta renda. Na sequência, vieram as aquisições da joalheria francesa Boucheron, a espanhola Balenciaga e a britânica Alexander McQueen.

Até 2013, o grupo se chamava PPR, quando então assumiu o nome Kering. Desde 2005, o grupo é presidido por François Henri Pinault, filho do fundador.

GRUPO RICHEMONT

Sediado na Suíça, o Grupo Richemont é o terceiro conglomerado de Luxo multisetorial de maior relevância do planeta. Tudo teve início com uma pequena empresa de tabaco na África do Sul, fundada por Anton Rupert em 1941, e acabou por se tornar uma potência global do Luxo.

A trajetória no Luxo se inicia com parte do controle acionário da Cartier, no final da década de 1960. O surgimento do grupo, no entanto, só veio anos mais tarde, quando Johann Rupert, filho mais velho de Anton Rupert, que havia atuado no mercado financeiro em Nova York no início da carreira, retornou para a África do Sul em 1985. Ao entrar na operação de seu pai, expandiu sua atuação ao fundar uma subsidiária da empresa familiar em 1988, dando origem ao Grupo Richemont.

RICHEMONT GROUP

Jewellery Maisons	Specialist Watchmakers	Fashion & Acessorie / Other	YNAP
BUCCELLATTI	A. LANGE & SÖHNE	ALAÏA	NET-A-PORTER
CARTIER	BAUME & MERCIER	CHLOE	MR PORTER
VAN CLEEF & ARPELS	IWC SCHAFFHAUSEN	DELVAUX	THE OUTNET
VHERNIER	JAEGER-LE-COULTRE	DUNHILL	YOOX
	PANERAI	GIANVITO ROSSI	ONLINE FLAGSHIP STORES
	PIAGET	MONTBLANC	
	ROGER DUBUIS	PETER MILLAR	
	VACHERON CONSTANTIN	PURDEY	
		SERAPIAN	
		TIMEVALLÉE	
		WATCHFINDER & CO	

A partir daí, o sul-africano deu início à compra de participações minoritárias em marcas de Luxo como Cartier, Dunhill, Montblanc e Chloé e, aos poucos, firmou seu nome na história do Luxo.

Atualmente, o grupo conta com mais de 20 marcas em seu portfólio nos segmentos de joalheria, relógios, moda e acessórios. Sua consolidação e poder de resiliência são tamanhos que, nos anos pós-pandemia, o grupo apresentou os melhores resultados desde sua fundação.

GRUPO JHSF

Conhecido a princípio como JHS, o grupo foi fundado por Fábio Auriemo, em 1972, ao lado do irmão José Roberto e mais dois sócios, e atualmente destaca-se nacionalmente como conglomerado de Luxo.

Atuando nos segmentos de shopping center, incorporação imobiliária, hotéis e restaurantes pela bandeira Fasano, além de contar com seu próprio aeroporto executivo, a holding alcançou o patamar atual dentro do universo da alta renda pelas mãos de José Auriemo Neto – mais conhecido como Zeco. Ele é filho de Fábio Auriemo e assumiu a presidência do grupo ainda bem jovem, aos 30 anos de idade.

Além dos restaurantes, empório e hotéis Fasano, o grupo comanda também o Shopping Cidade Jardim e o Shops, além do Catarina Fashion Outlet, todos no estado de São Paulo.

Por meio de seu programa de relacionamento JHSF ID, o grupo consegue mapear as particularidades da jornada do cliente de alta renda por todo o seu ecossistema de marcas.

Além dos empreendimentos mencionados, o Grupo JHSF também detém a exclusividade na operação de aproximadamente 12 marcas de varejo internacionais em seu portfólio, fortalecendo sua presença no mercado de Luxo nacional com uma curadoria global que oferece aos clientes acesso exclusivo a marcas que ao mesmo tempo auxiliam no posicionamento elevado de seus equipamentos de shopping centers.

Em paralelo, o grupo tem intensificado sua expansão internacional, com recentes aberturas ou inaugurações previstas até 2030 da bandeira Fasano em destinos como Nova Iorque, Londres, Miami e Cascais em Portugal, levando a sofisticação e a hospitalidade brasileira para um público global.

CHANEL

A Chanel permanece até o dias atuais como uma das poucas marcas ainda independentes no mercado. Foi fundada por Gabrielle "Coco" Chanel em 1910, que teve como primeiro parceiro comercial Pierre Wertheimer, desde o lançamento da linha de fragrâncias da marca.

Coco Chanel faleceu em 1971, sem deixar herdeiros. Alain e Gerard Wertheimer, netos de Pierre, assumiram o controle total da marca a partir de 1974; até hoje, a Chanel é administrada pela família Wertheimer.

Alain e Gerard herdaram a empresa de seu pai, Jacques Wertheimer. A família era dona da Bourjois, uma das mais importantes empresas francesas no ramo de cosméticos e perfumaria. Com a aquisição majoritária da Chanel, iniciaram seu império também na moda.

Coco Chanel foi revolucionária na sociedade francesa e teve papel fundamental nas mudanças que ocorreram no "dress code" feminino em todo o mundo a partir dos anos de 1920.

Seu perfume Chanel nº 5 completou 100 anos em 2021, e até hoje é uma das fragrâncias mais vendidas da marca globalmente. Apesar de a Chanel não divulgar números oficiais, estima-se que se vende um frasco do perfume ao redor do mundo a cada 30 segundos.

A operação da marca envolve os segmentos de perfumaria, maquiagem, moda e acessórios. Pautada no Luxo absoluto, segue como uma das marcas mais valiosas e desejadas do mundo.

HERMÈS

Outra marca também independente no mercado de Luxo é a Hermès. Nascido na Alemanha, filho de pai alemão e mãe francesa, Thierry Hermès fundou a Maison em 1837, em Paris. À época, o carro-chefe dos produtos comercializados pela empresa eram artigos de couro para os cavalos da alta renda parisiense.

A partir da década de 1930, as bolsas da Hermès e seus lenços de seda viraram ícones da moda e firmaram seu posicionamento como marca de desejo da alta renda mundial.

A operação segue hoje sob a direção da sexta geração da família fundadora, extremamente cuidadosa e seletiva no plano de expansão, pautada no Luxo absoluto e na exclusividade para reforçar seu posicionamento.

GRUPO ARMANI

Giorgio Armani e seu amigo e companheiro, Sergio Galeotti, fundaram a empresa em 1975 na cidade de Milão, Itália, hoje considerada uma das capitais da moda. À época, Armani tinha 41 anos de idade e fez parte de uma geração de estilistas italianos que influenciaram o mundo com seu renomado estilo *made in Italy*.

A princípio, o ateliê confeccionava exclusivamente moda masculina, sempre com um toque minimalista e elegante de sofisticação. Um ano depois da fundação da marca, no entanto, já lançava também sua linha feminina.

Galeotti faleceu em 1985 e Armani seguiu sozinho à frente da gestão da marca. Desde cedo, o grupo acompanhou de perto as mudanças de comportamento do mercado e lançou uma série de marcas para se conectar com diferentes perfis e ocasiões de consumo do cliente. Atualmente, conta com a Armani Exchange, Armani Collezioni, EA7, Armani Privé e a marca principal, que leva o nome de seu fundador, Giorgio Armani.

Além do ramo da moda, o grupo se faz presente também no universo do mobiliário e design de interiores, com a Armani Casa, além de ser referência em hospitalidade de Luxo por meio do Armani Hotel.

Giorgio Armani já ultrapassa os 90 anos de idade e não tem herdeiros diretos, mas conta com familiares dentro do conselho de administração do grupo, nos preparativos para a linha sucessória da marca.

Este compilado apresenta marcas e operações com particularidades distintas, origens e até mesmo tempo de atuação muito díspares, mas com um ponto em comum: são disruptivas e se tornaram verdadeiras escolas de negócios na contemporaneidade, provando que resiste ao tempo aquela marca que sabe dialogar com o presente, sem abrir mão da excelência.

A INTELIGÊNCIA APLICADA À GESTÃO DO LUXO

CASE BRADESCO PRIVATE

Em nossa Consultoria, trabalhamos em parceria com o Banco Bradesco há quase 15 anos em diferentes frentes, com projetos exclusivos do Bradesco Seguros, Bradesco Prime, Varejo e Private.

Neste case, atuamos diretamente com o segmento Private, da seguinte forma:

OBJETIVO

Aumentar o repertório dos bankers do Bradesco Private para estreitar o relacionamento com os clientes, abordando temas além de produtos e serviços bancários.

DESAFIOS

- Bankers com pouco REPERTÓRIO nas particularidades do comportamento do consumo do cliente alta renda.
- Falta de entendimento em temas-chave de grande interesse do *lifestyle* do cliente, como arte, aviação executiva, golfe, viagens de Luxo, vinhos especiais e champagne.

SOLUÇÕES IMPLEMENTADAS

- Elaboração de uma agenda de imersão no comportamento de consumo dos clientes de alta renda.
- Capacitações vivenciais em operações relacionadas ao *lifestyle* desses clientes.
- Clínica de golfe para conhecer detalhes sobre os principais jogadores, torneios e regras.
- Visita a galerias de arte para compreender o comportamento de compra, artistas e feiras.

- Bate-papo com agência de viagens de Luxo para compreender destinos, particularidades e desejos dos clientes.
- Visita a uma empresa de aviação executiva, com a oportunidade de conhecer a aeronave, conversar com um piloto, entender detalhes de personalização mais recorrentes na compra e conhecer os principais termos técnicos.
- Visita um estaleiro de iate, para entender o processo de compra, diferenciais de produtos e customização.
- Workshop sobre champagne e vinhos, para aumentar o entendimento sobre essas bebidas.

RESULTADOS

- Empoderamento dos Bankers nas interações com os clientes.
- Apoio na identificação de temas recorrentes na carteira de clientes de cada banker, permitindo um aprofundamento no conhecimento.
- Maior entendimento do comportamento de consumo para ativações, *gifts* e contatos não comerciais.
- Relacionamento mais estreito e personalizado com os clientes especiais.

PARTE 2
UM MERCADO EM CONSTANTE EVOLUÇÃO

NADA É MAIS
COMO ANTES

"A mudança é a única constante."

HERÁCLITO

Nós somos o resultado de uma série de impactos de diferentes segmentos que nos influenciam no dia a dia. A inteligência de mercado demanda um entendimento mais claro dos indicadores, das informações e das reflexões de tudo aquilo que já estava disponível há muitos anos. O mercado já vinha demonstrando uma necessidade de atualização, adequação e adaptação que não pode apenas ser vista pelo nosso segmento, pela nossa atividade.

Marcas, empresas e profissionais precisam compreender que ser contemporâneo não é simplesmente existir na mesma época, mas também ser capaz de oferecer produtos e serviços que façam a leitura do tempo atual e, a partir daí, cada vez mais diversificar a sua linguagem em diversos canais de comunicação e interação.

Acima de tudo, temos que capacitar profissionais nas ferramentas digitais que estão disponíveis. Equipes de vendas, de atendimento e de relacionamento deveriam incorporar a dinâmica de estudar antecipadamente seus clientes nos lastros digitais.

É importante esclarecer que a verdade digital não tem a ver somente com as vendas online. São muitas as empresas que apresentam soluções extraordinárias de comércio eletrônico, mas também há aquelas que, apesar de não venderem no universo online, têm uma presença digital impactante e muito bem construída. Temos que existir digitalmente: as redes sociais e as demais ferramentas do online se tornaram essenciais no diálogo contemporâneo.

Os sistemas de informações tradicionais das empresas criaram estruturas matriciais excelentes para combinar dados e cruzar informações. Com isso, tivemos, nos últimos anos, investimentos qualificados nos bancos de dados de clientes, com muitas informações de consumo disponíveis de consumo. Contudo, ao longo do caminho, deixamos de considerar a importância e a relevância de fazer uma inteligência de qualificação de dados de clientes em nossas matrizes de informações.

Muitas vezes, podemos extrair desse banco de dados informações qualificadas de vendas, como o perfil dos clientes e de quem está próximo deles – mãe, pai, filho, filha, neto, até mesmo do pet, que ganhou uma relevância fundamental na vida das pessoas. São informações que ainda recebem pouca atenção no atendimento, mas são importantíssimas na construção de dados que estimulem, motivem, entusiasmem o cliente em outro patamar.

Em nossos treinamentos, sempre alertamos que é preciso ter muito cuidado com a necessidade de saber diferenciar um banco de dados sólido de um mero "bando de dados", ou seja, informações compiladas sem qualquer uso efetivo.

A leitura atenta e fundamentada dos perfis de clientes é primordial, não somente do dado em si, mas de sua frequência de consumo, seu ticket médio, seu endereço, enfim.

Essa "leitura atenta das entrelinhas" abrirá nossos olhos para novas possibilidades dentro do mercado e também para nichos de mercado ainda inexplorados, como nos ensinam algumas marcas renomadas.

OLHAR PARA ALÉM DO PRÓPRIO NICHO

Uma das maiores empresas de carros do mundo, a Volkswagen fez a leitura das novas tendências de locomoção, passou a lançar também veículos como bicicletas, scooters, patinetes e híbridos entre bicicletas e patinetes.

A Barbie, grande ícone da Mattel no século 20, surpreendeu o mercado em 2019 com uma coleção nova toda voltada à diversidade. Não eram edições especiais: era a mesma Barbie agora nas versões careca, com nanismo, cadeirante, negra e transgênero.

Esses exemplos mostram que a inteligência transversal de mercado é fundamental. Quando expandimos o olhar para além de nosso universo, da rotina diária dos escritórios, de nosso ecossistema próprio, passamos a entender de que forma o cliente está sendo impactado por uma série de movimentos diferenciados.

Quantos de nós não lembramos, por exemplo, daquele ambiente antigo do açougue, com moscas voando por todos os lados, o profissional na nossa frente com o avental todo ensanguentado, sempre com uma faca na mão, que lembrava até um seriado macabro? Olhe hoje! Açougues que passaram a ser chamados de casas de carnes especiais, quase que uma *boulangerie* de carnes.

Tem também as construtoras e incorporadoras imobiliárias que agora apostam em unidades com 12m^2, 16m^2, 22m^2. Marcas e operações que já estavam atentas às movimentações de mercado dos novos tempos, inovando em aspectos de reposicionamento atrelados aos novos perfis da diversidade, com inteligência contemporânea.

Isso tudo nos força a uma readequação de produto, de comunicação, de entendimento do perfil do cliente. Quem opta por morar em um apto de 12m^2 tem uma grande chance de alterar a forma com que consome cama, prato, faca, roupa. A empresa que está atenta às movimentações do mercado antecipa essas tendências e sai na frente da concorrência.

Nos Estados Unidos, por exemplo, os números de operações pautadas em locação de roupas, joias e móveis já têm um impacto significativo na economia doméstica. Não vendem mais nada; alugam! Ou, ainda, vendem produtos de segunda mão, promovendo uma economia circular e alterando profundamente o cenário atual.

Um outro realinhamento digno de nota foi o da montadora alemã Audi, que surpreendeu o mercado nos últimos anos com a possibilidade de um clube de assinaturas em alguns países, por meio do qual o cliente não precisa mais comprar o produto, mas pode participar de um plano de assinatura para utilizá-lo sob demanda. A Audi também lançou um projeto em São Francisco, nos EUA, em um formato similar ao que hoje é operado pela Turbi no Brasil, com carros mais populares e premium, em que o cliente consegue alugar um veículo estacionado nas principais ruas das grandes cidades por meio de um aplicativo.

Aqui, vale observar o que costumamos chamar de "inteligência transversal de mercado". De que forma o consumidor vem sendo moldado por uma série de outras atividades e segmentos que estão alterando expectativas, criando outras possibilidades de reflexões de comunicação, de linguagem de relacionamento com o cliente e oportunidades de estímulos diferenciados? As mudanças, alternativas e indicadores já estavam presentes há alguns bons anos no mercado.

Essa jornada de mudanças aceleradas, algumas vezes julgadas até como muito óbvias, não mostrava para nós a relevância dessas reflexões mercadológicas tão necessárias para a contemporaneidade.

Tais operações deixam claro o quanto nós, enquanto consumidores, estamos disponíveis para outros tipos de diálogo em diferentes patamares de consumo, ou até mesmo para outra relação de consumo.

O mercado se movimenta para que cada vez mais nos tornemos consumidores e clientes que não mais se enxerguem como "donos", mas para tomarmos decisões de consumo pautadas para além da posse.

Aqueles que são mais resistentes a essa reflexão precisam lembrar que, ao acessar o Spotify ou a Netflix, estão se colocando exatamente nessa posição da ocasião de consumo fluido, porque nós não possuímos as músicas ou os filmes disponíveis nesses ambientes digitais.

Vivemos a "era da transformação", em que o dinheiro muda de bolso rapidamente. Surgem novos perfis com diferentes costumes e hábitos de consumo. Essas mudanças criam novos mercados que demandam competências diferenciadas. Portanto, devemos nos adaptar cada vez mais às tomadas de decisões desse público com padrões de exigência elevados.

A empresa que não faz essa leitura do presente está fadada ao insucesso. Exemplos de marcas e produtos que naufragaram por esse exato motivo não faltam:

- A Kodak foi uma das marcas mais poderosas do planeta.
- A Blockbuster era líder absoluta na locação de filmes.
- A Nokia, por 14 anos seguidos, foi o grande destaque na comercialização de aparelhos celulares.
- A Pan Am foi a maior companhia aérea dos EUA durante um grande período.
- A Blackberry sucumbiu em meio ao surgimento dos celulares Apple.

Na contramão desses exemplos e mostrando que está a par do que demanda a contemporaneidade, no início de 2022, a Ferragamo – maison italiana fundada em Florença – decidiu contratar como diretor criativo o inglês Maximilian Davis. A marca quebrou praticamente todos os tabus da indústria ao contratar um jovem, negro, inglês de origem afro-caribenha, com pouco mais de 25 anos como seu diretor criativo. Davis foi o responsável por oxigenar e trazer frescor à grife, que está próxima de completar 100 anos.

É preciso manter-se contemporâneo ao longo do tempo.

Como você vem acompanhando essas transformações? O quanto você está atento ao que acontece em um segmento distinto do seu? No final das contas, tudo diz respeito ao cliente, independentemente de seu momento de consumo. Um olhar transversal sobre as particularidades, motivações e expectativas do consumidor pode se tornar a chave para desenvolver vantagens competitivas.

O OLHAR DO GESTOR

"A tecnologia integrada com IA deve revolucionar a forma como prestamos serviços e será um facilitador para a gestão operacional e estratégica do setor hoteleiro.

Embora cada vez mais acessível, ela não substituirá a importância da interação humana na hotelaria. Pelo contrário: a IA liberará os profissionais para se dedicarem a experiências mais personalizadas e significativas, fortalecendo o relacionamento com os hóspedes.

A hotelaria de Luxo, por exemplo, poderá utilizar a IA para oferecer serviços ainda mais exclusivos e personalizados, assistentes virtuais que respondam em 30 idiomas, criação de itinerários personalizados e até mesmo a antecipação das necessidades dos hóspedes.

Só que o sucesso da implementação da IA dependerá da capacidade dos hoteleiros de encontrar o equilíbrio entre a automatização e o toque humano. A IA deve ser vista como uma ferramenta para aumentar a eficiência e a satisfação do cliente, e não como um substituto para o atendimento humano.

Acredito que, embora o custo da tecnologia se torne cada vez mais acessível, o custo geral de pessoas será cada vez mais elevado. A tecnologia de IA será esperada em todas as categorias de hotéis, mas a interação humana será o grande diferencial da hotelaria de Luxo."

MARCO AMARAL
Vice-presidente Operations & Development
South America Minor Hotel Group

REFLEXOS DA
PANDEMIA

"A mesma energia que se tem no desespero, na angústia e na preocupação deveria ser canalizada para a adaptação."
CARLOS FERREIRINHA

Em meio a esse processo acelerado de mudanças, surgiu uma pandemia, cujo impacto fez o mundo parar, alterou a maneira de trabalhar, trouxe inúmeros impactos para as marcas e potencializou ainda mais a necessidade da agilidade, adaptação e inovação.

Esse período trouxe uma série de reflexões sobre como seria o desdobramento desse momento tão ímpar na história para o futuro. Parte do que foi previsto aconteceu realmente, parte acabou não se tornando realidade.

A pandemia e o distanciamento social também intensificaram ainda mais a era do clique, em que quase tudo é acessível pela tela do celular: difícil imaginar o dia a dia no trânsito sem o Waze, ouvir música sem a utilização de uma plataforma digital, como o Spotify, pensar em delivery de comida sem o iFood, procurar um motorista para transporte individual sem a utilização do Uber ou 99, ou realizar uma venda a distância sem o uso do WhatsApp.

Toda essa agilidade que a tecnologia nos proporciona altera profundamente nossas expectativas. Se ao pedir um carro de aplicativo cancelamos a corrida quando o tempo de espera é maior do que oito minutos, qual o tempo tolerável para a resposta de um atendimento via WhatsApp?

Por isso, diante de eventos que alteram a dinâmica do mercado em nível global, ou mesmo em transformações menos impactantes, mais lentas, reforçamos a necessidade de que qualquer profissional que se proponha a traçar um "mapa do futuro" precisa ter um olhar crítico do tempo presente.

Falamos constantemente em nossos treinamentos sobre a necessidade de exercitar o "músculo do cérebro", sermos capazes de traduzir o contexto do que foi levantado para a realidade cotidiana dos negócios. O que efetivamente se concretizou? O que acabou tomando um caminho diverso?

O período pós-pandêmico foi marcado por muitas publicações conjecturando o que viria pela frente; nossa Consultoria contribuiu com parte dessas reflexões, em um momento tão cercado de dúvidas.

Dentro do que comunicamos ao mercado, nas inúmeras publicações, lives e cursos desde 2021, compartilhamos abaixo os principais aprendizados para uma reflexão no momento da leitura sobre sua relevância contemporânea:

a. Relevância passou a ser o novo legado das marcas, e a resiliência, antes um diferencial, tornou-se um requisito básico.

b. A noção de tempo estratégico foi profundamente modificada. Nesse quesito, o feito se tornou mais importante que o perfeito, e a responsabilidade social e a sustentabilidade ganharam um papel de maior destaque dentro das empresas.

c. A empatia ganhou um papel de essencialidade e o senso coletivo avançou, mesmo que sem a certeza de se tornar perene.

d. Diversidade e inclusão se apresentam cada vez mais como o "novo capital". Houve muita letargia para dialogar com o novo, com o diferente, e é sabido que haverá uma pressão maior para dialogar apropriadamente com diferentes perfis.

e. A jovialidade na longevidade e a "milenização" do consumo na faixa dos 60+ trazem inúmeras oportunidades para marcas e produtos que dialoguem com esse perfil, já que na pandemia eram considerados grupos de risco e reavivou-se o senso de sobrevivência, de *carpe diem* (aproveitar o tempo), por isso, estão ávidos pelo consumo.

f. O turismo e a hotelaria brasileira foram (re)descobertos nos primeiros sinais de retomada das viagens nacionais. Com as fronteiras em boa parte fechadas e a tensão pelo momento delicado, o brasileiro explorou em demasia as diferentes opções de oferta no país. O setor, tão fortemente impactado no momento de *lockdown*, emergiu como um dos grandes destaques na retomada. Ainda dentro desse ramo de atuação, hotéis e pousadas próximas de grandes centros urbanos e alcançadas facilmente por deslocamento terrestre bateram recorde de ocupação.

g. Ainda na hotelaria, muitos empreendimentos, em razão de sua taxa de ocupação mais restrita, aproveitaram o momento para subir seu posicionamento de marca. Com isso, veio a necessidade de alavancar seus atributos de diferenciação, hospitalidade e experiência.

h. Saúde, beleza e bem-estar também foram bastante favorecidos pela reabertura do mercado interno. Com a intensificação do home office e as constantes reuniões por videoconferência, o consumidor passou a se deparar quase que diariamente com seus incômodos na tela do celular ou do computador. Como consequência, o público invadiu as clínicas dermatológicas, de implante capilar, de cirurgia plástica ou os espaços voltados para todo e qualquer procedimento estético.

i. O universo imobiliário e todas as suas vertentes também foram amplamente favorecidos. Por passar mais tempo em casa, o consumidor acelerou mudanças necessárias ou não tão necessárias, e se permitiu buscar um novo endereço, como desdobramento do home office mais frequente. Somado a isso, as incertezas de mercado fizeram explodir as vendas do metro quadrado. O período foi marcado por inúmeros lançamentos imobiliários dos mais diversos tamanhos. Ocorreu muita procura pelo segundo ou terceiro endereço, e tudo o que dialoga com o escapismo cresceu de forma exponencial. A Fazenda Boa Vista, empreendimento de campo do grupo JHSF, apresentou no terceiro trimestre de 2020 um aumento de mais de 321% em relação ao ano anterior.

j. O segmento automobilístico foi outro setor que teve destaque no cenário recente. A Jeep alcançou sua melhor participação de mercado já registrada no país em 2020, e as marcas Premium de automóveis aceleram as vendas durante a pandemia. A Porsche, por exemplo, registrou o seu melhor desempenho em vendas da história da marca no Brasil. Ainda dentro desse cenário, o formato SUV, pautado em utilitários esportivos, assumiu em 2021 a liderança em vendas no mercado brasileiro. Todo esse crescimento também foi acompanhado por inúmeras iniciativas dentro dos diferentes ramos de atuação. As concessionárias de veículos começam a migrar do formato showroom para um espaço de experiência, englobando o *lifestyle* do cliente. Nos próximos anos, o consultor de vendas passará a ser um expert em tecnologia, em decorrência dos novos avanços tecnológicos dos carros, e o digital se firma como "arma" para potencializar a venda a distância.

É interessante relembrar essas reflexões geradas imediatamente após a pandemia para utilizarmos como referência de leitura do tempo presente, ou seja, o momento em que você está lendo este livro. Essas colocações ainda fazem sentido neste instante? Algo acabou por se tornar fantasia?

Resgatamos também parte das reflexões produzidas pela consultoria global Bain & Company. Em um dos estudos publicados naquele momento, a empresa abordou pontos-chave na mudança de *mindset* no comportamento de consumo decorrente da pandemia, dentre eles:

SURGIMENTO DE UMA MENTALIDADE PÓS-ASPIRACIONAL: a ética se tornará tão importante quanto a estética à medida que os consumidores priorizarem marcas com propósito. Buscarão o combo produto + experiência + ideias.

ACELERAÇÃO DAS COMPRAS DIGITAIS: quando seguros, os consumidores retornarão às lojas físicas (com uma paixão renovada por experiências da vida real), mas alguns hábitos de compra digital construídos durante a pandemia permanecerão, especialmente aqueles em que a experiência de compra online tenha sido positiva.

MAIOR CONSCIÊNCIA AMBIENTAL E SOCIAL: a preocupação do consumidor com a sustentabilidade e as questões sociais deve continuar, consolidando a importância da governança ambiental e social. Marcas podem repensar o ciclo de vida do produto de ponta a ponta, o gerenciamento da cadeia de suprimentos e o descarte de estoque não vendido.

ORGULHO LOCAL FAVORECIDO: a opinião pública durante a última crise sanitária ocorrida por vezes estigmatizou certas nações, desencadeando manifestações de orgulho cultural nesses territórios. As marcas precisam evitar inflamar essas sensibilidades locais.

NECESSIDADE DE INCLUSÃO: as marcas precisarão usar toda a sua engenhosidade para renovar sua oferta a preços acessíveis, refletindo o poder de compra reduzido de muitos clientes de classe média.

Independentemente do que tenha se cumprido ou não, algo é claro para nós nessas análises que permeiam o passado, presente e futuro: é preciso permanecer na vanguarda da mente dos clientes e demonstrar forte confiança no que se faz, combinar tradição com contemporaneidade. A inovação é a única constante e o relacionamento mais próximo com o cliente se faz primordial.

As oportunidades geradas pelo movimento do mercado fazem com que as empresas busquem diferenciação por meio de uma ferramenta emocional cada vez mais considerada. Com os avanços da tecnologia e os diversos desafios que vez ou outra surgem em nossa história, o toque humano passa a fazer total diferença.

O OLHAR DO GESTOR

"Durante a pandemia, os principais desafios do Fasano foram adaptar a tradição e a excelência da rede ao varejo alimentar em um período tão dinâmico. Tivemos que ser ágeis para conseguir traduzir em 90 dias uma marca tão completa e complexa à inovação introduzida, mantendo a qualidade e a identidade da marca, enquanto respondíamos às mudanças rápidas nas demandas e expectativas dos consumidores.

Assim surgiu o EMPÓRIO FASANO, no coração dos jardins, em um espaço de três andares que oferecem diferentes experiências. Em cada um deles, um convite para conhecer uma seleção cuidadosa de produtos próprios e importados, escolhidos pela excelência, cultivo e produção artesanal."

VANESSA SANDRINI
Fundadora VaS Assessoria Estratégica e Advisor JHSF

COMO O LUXO REAGE ÀS CONSTANTES MOVIMENTAÇÕES
DO MERCADO

> *"Crê-se que a necessidade é que cria a coisa. Mas é a coisa que, bastante frequentemente, cria a necessidade."*
>
> **FRIEDRICH NIETZSCHE**

Como pudemos ver até este momento, a sociedade sofre transformações cada vez mais aceleradas, seja por tendências que avançam globalmente, seja por eventos súbitos, como a pandemia. Negócios que não tiverem jogo de cintura para lidar com as mudanças podem até mesmo ir à falência.

O avanço do digital, por exemplo, tornou-se indispensável. O que houve com restaurantes e padarias que resistiam a vender no formato "delivery", por exemplo? A telemedicina foi outra tendência que despontou forte desde a pandemia. Muitos médicos assumiram o online como principal formato de atendimento. Psiquiatras e psicoterapeutas passaram a ter a oportunidade de atender clientes de todas as regiões do país. Ou seja: muitas oportunidades surgidas no improviso vieram para ficar.

Com o nosso setor não é diferente, por isso, a Inteligência da Gestão do Luxo é uma ferramenta fundamental para distinguir esses desafios ou tendências e transformá-los em oportunidades. Em nossa Consultoria, identificamos as cinco principais estratégias que as marcas de Luxo costumam adotar diante das constantes movimentações de mercado. Tais estratégias podem, inclusive, inspirar qualquer segmento e atividade como modelo de negócios.

EXPANSÃO DA BASE DE CLIENTES

Marcas e operações de Luxo são obcecadas por expandir sua base de clientes, reforçar sua contemporaneidade por meio de uma estratégia de comunicação não óbvia, atrelada ao tempo presente. Elas tomam o devido cuidado para atrair novos "entrantes" e não correr o risco de envelhecer junto à sua base de clientes mais tradicionais ou resistentes a mudanças de comportamento dos tempos atuais.

É o caso, por exemplo, da Tiffany, quando toma a decisão de trazer o casal Carter (Beyoncé e Jay-Z) como rosto de suas campanhas no passado recente. Beyoncé foi a primeira mulher negra a vestir sua peça mais icônica, o Diamante Tiffany, com 128 quilates, mais de 150 anos de história e que até hoje somente foi usado publicamente por 4 mulheres:

- A socialite Mary Whitehouse, em baile da própria Tiffany, em 1957.
- Audrey Hepburn, na divulgação do filme *Bonequinha de Luxo*, em 1961.
- Lady Gaga, no Oscar de 2019.
- E Beyoncé, junto do marido Jay-Z, em campanha da marca em 2021.

No entanto, essa estratégia de expansão da base de clientes vai muito além do plano de comunicação e navega sob o olhar atento para novas oportunidades de mercado.

Todo o universo dos SUVs no segmento de carros esportivos de Luxo, também conhecidos como superesportivos, é mais uma prova do poder de reinvenção das marcas pautadas no cliente com padrões de exigência elevados.

O Porsche Cayenne foi lançado em 2002, sofrendo severas críticas por trazer o contexto da mulher e da família para dentro do universo desse perfil de carro. Contudo, os resultados obtidos provaram o quanto a iniciativa tinha sido bem-sucedida, e o modelo sempre aparece na lista dos mais vendidos da marca no mundo todo.

A partir de então, praticamente todas as demais montadoras de Luxo incorporaram o modelo SUV em seu portfólio, com resultados expressivos e recordes em vendas. Uma das últimas a se movimentar na categoria foi a Ferrari, que lançou a Puro Sangue. O modelo chegou ao Brasil no final de 2023, é todo customizável e custa a partir de 7,5 milhões de reais. Cabe ressaltar que a fila de espera para adquirir esse carro chega a 2 anos.

Portanto, esse processo de expansão é "costurado" ora por meio de sua estratégia de comunicação, ora pela inovação em sua categoria de produto. Há também momentos em que esse processo se dá pela inserção em outros segmentos que dialoguem com o *lifestyle* do cliente com padrão de exigência elevado.

DIVERSIFICAÇÃO DE RAMOS DE ATUAÇÃO

Todo o protagonismo alcançado pelo Mundo Casa na pandemia acelerou os projetos internos de muitas marcas de Luxo que já entendiam o universo do mobiliário, da "mesa posta" e de todo o *interior design* como oportunidade para reforçar a conexão da marca com o estilo de vida do cliente especial.

Na busca incessante por reagir às constantes movimentações de mercado, o Luxo explora a oportunidade de dialogar com clientes de alta renda por meio de exercícios em outros segmentos que orbitam todo o seu ecossistema de desejo. A Gucci, por exemplo, lançou no Brasil sua Linha Decór em 2020, no Shops da Rua Haddock Lobo, em São Paulo. No final de 2023, a Louis Vuitton lançou sua primeira coleção de louça e utensílios de mesa.

Ainda dentro do universo da decoração e *interior design*, surgiram Armani Casa, Fendi Casa e Dolce & Gabbana Casa, grandes destaques durante a Semana do Design que acontece todos os anos em Milão.

Mesmo marcas pautadas no Luxo Absoluto e menos agressivas no seu processo de expansão de pontos de venda, como Loro Piana, já trazem em seu ecossistema exercícios proprietários do Mundo Casa. A marca, com 100 anos de história e pautada no mais alto nível de exclusividade, permanece com um ritmo mais restrito e cauteloso de expansão de lojas. No entanto, isso não a impede de exercitar outros movimentos para oxigenar a marca dentre dos seus códigos, símbolos e estratégia de capilaridade.

A hospitalidade, como já vimos, é outro ramo de atuação constantemente explorado pelas marcas de Luxo para exercer o viés do *lifestyle* atrelado a destinos que se conectem à sua base de clientes. Bvlgari e Armani hotéis são cases de grande destaque internacional no segmento. A Louis Vuitton é outra marca que já decidiu abraçar este ramo de atuação, com previsão de lançar seu primeiro hotel na capital francesa em 2027.

No setor imobiliário, os *branded buildings* – projetos que aproximam marcas de Luxo e incorporadas locais – são cada vez mais comuns. Dubai e Miami são destinos onde há uma presença marcante desses projetos de Real Estate, mas São Paulo está no radar e já tem projetos em diferentes fases de execução, alguns já entregues, com marcas como Versace, Lamborghini, Missoni, dentre outras.

MOVIMENTAR-SE ATÉ ONDE O CLIENTE ESTÁ

De acordo com nossa expertise no universo do Luxo, há uma movimentação crescente das marcas para quebrar suas próprias barreiras. Não é mais suficiente apenas esperar que o cliente vá até os seus templos de consumo: elas precisam estar mais presente em outros momentos de compra.

São inúmeras as iniciativas construídas para se aproximar mais do cliente e despertar o fator "Wow" por meio de ativações pontuais e quase minimalistas em locais turísticos que fazem parte dos destinos de interesses de sua base.

Um exemplo desse tipo de iniciativa é aquela realizada pela Fendi em uma pequena *"motorcycle truck"* para vender acessórios no verão europeu, ou, de uma forma ainda mais incisiva, quando a mesma marca tomou a decisão de assinar por completo um beach club em Marbella na Espanha no ano de 2023. Dolce & Gabbana é outra marca de Luxo global que leva continuamente suas criações para assinar destinos exclusivos como Capri, Taormina ou Saint Tropez.

Em outra vertente, a estratégia de ir até o cliente se dá por meio de collabs com marcas de interesse mútuo, em outros momentos de consumo. O exercício é praticado com marcas mais democráticas e acessíveis e até mesmo com marcas do mesmo patamar do Luxo.

A Tiffany, por exemplo, já colaborou com a Nike, com a Fendi e também com a Rimowa, para citar alguns exemplos – sendo que as duas últimas marcas são parte do mesmo conglomerado de Luxo de Bernard Arnauld (Grupo Louis Vuitton Moët Hennessy – LVMH).

Pop-up stores, ou lojas temporárias, são iniciativas também bastante exploradas. É interessante observar o quanto essas marcas fogem completamente do óbvio quando decidem sair do lugar comum. Seja pela oportunidade de customização de produtos, pela arquitetura totalmente disruptiva ou pelo uso de tecnologia aplicada – para citar apenas alguns exemplos –, elas potencializam a oportunidade da experiência com o cliente, agregam serviços para gerar maior conexão, estimulam o engajamento e exploram oportunidades continuamente.

Podemos ainda citar inúmeras outras iniciativas, como os trunk shows, pensados estrategicamente para ir até o cliente de alta renda fora dos grandes centros onde estão suas lojas. Dolce & Gabbana, Fendi e Tiffany são algumas das marcas que têm se movimentado bastante nessas iniciativas pelo Brasil.

Ao se aproximar do cliente no seu "berço", a marca consegue muitas vezes quebrar uma certa aura de intimidação ligada à sua fama que pode ocorrer nas grandes capitais. O cliente com alto poder aquisitivo se sente prestigiado em ter a marca, mesmo que de forma pontual, localmente.

Por fim, destaca-se a presença dessas marcas em eventos internacionais de representatividade global, como Art Basel, em Miami, Semana do Design, em Milão, ou Bienal da Arte de Veneza, que fazem parte de uma agenda quase anual de inúmeras marcas de Luxo. Sempre há forte conexão e sinergia das marcas com cada um dos eventos onde marcarão presença. Muitas vezes não há sequer um apelo comercial; o exercício é exclusivamente voltado para potencializar o *awareness* de marca em movimentos globais em que seu cliente deseja estar.

DO TRANSACIONAL PARA O EXPERIENCIAL

Se olharmos por outra perspectiva, o que percebemos é que as marcas de Luxo investem cada vez mais no exercício contínuo da experimentação de códigos, símbolos e oportunidades de produtos de suas marcas.

O Hotel Four Seasons em Taormina, na Itália, após o tremendo sucesso da série *White Lotus*, teve toda sua área molhada "envelopada" com as criações da Dolce & Gabbana. Importante reforçar que ali não havia nenhum apelo de venda direta. O objetivo era proporcionar a experimentação de parte de sua coleção voltada para o mundo da decoração em um local de Luxo, mantendo o posicionamento em sinergia com a marca, em um destino de grande aderência com sua base de clientes.

Mas não é preciso ir tão longe para vivenciar uma experiência de assinatura de uma marca de Luxo dentro do segmento de hospitalidade. No final de 2023, a Ferragamo escolheu a Pousada Estrela D'água, em Trancoso, para compor toda a área de praia e piscina, com espreguiçadeiras, mobiliário, guarda-sóis e almofadas da marca para uma ativação que durou cerca de três meses, entre dezembro de 2023 e fevereiro de 2024.

Além disso, abriram uma pop-up store dentro da mesma pousada durante todo o mês de janeiro de 2024, com modelos clássicos e novos produtos da sua última coleção lançada na época.

Há ainda as iniciativas pautadas na gastronomia e no universo das bebidas, como o Armani Ristoranti, na Quinta Avenida, em Nova York; o também nova-iorquino The Blue Box, café da Tiffany; o The Bar, da Ralph Lauren, em Milão; ou ainda o Beige, restaurante da Chanel em Paris, comandado pelo Chef Alain Ducasse, fenômeno com mais de 20 estrelas Michelin na sua carreira.

Com filas gigantescas de espera, essas marcas estimulam o desejo de sua base de clientes, ou também do cliente aspiracional, de literalmente "engolir seu logo". É brilhante!

Nessa constante obsessão para ir até onde o cliente está, a Dior tem feito um dos trabalhos mais inovadores dos últimos anos. Em 2022, abriu uma pop-up store toda produzida em impressora 3D, com materiais 100% recicláveis, na areia da praia do Hotel Four Seasons, em Dubai. No mesmo ano, levou seu SPA Dior para dentro do trem de Luxo Orient-Express, da Belmond, no percurso entre Paris e Cannes. No ano seguinte, lançou o Spa também no Copacabana Palace, no Rio de Janeiro – mais uma vez transitando dentro de marcas de Luxo do seu mesmo conglomerado LVMH. Já em 2024, lançou a Dior Spa Cruise, no rio Sena, em Paris, em que o cliente usufrui de diferentes pacotes de tratamento corporal ou facial, com direito a jantar, um café exclusivo da marca montado no espaço, além de toda a ambientação 100% envelopada com itens da marca.

O ano de 2024 marcou também a celebração de 250 anos da Veuve Clicquot que, assim como o Copacabana Palace, faz parte do mesmo conglomerado de Luxo LVMH. Para o momento especial, a marca transportou seus mais admiráveis apreciadores dentro dos trens novamente da Belmond, em diferentes percursos ao redor do globo denominados Solaire Journeys. A celebração da essência da marca, pautada no vibrante Orange Clicquot, que remete aos dias ensolarados, destaca sua essência solar que a acompanha em todos esses anos. A ativação apresentou experiências personalizadas desde o amanhecer, gifts e mimos mapeados de acordo com o perfil de cada passageiro, gastronomia assinada por chefs de grande renome internacional e, obviamente, o acesso exclusivo ao portfólio de suas melhores champanhes.

SEGMENTAÇÃO, HIPERSEGMENTAÇÃO E HIPERPERSONALIZAÇÃO

A quinta e última grande obsessão das marcas de Luxo é pautada no paradigma expansão *versus* manutenção da exclusividade.

A maioria dessas marcas faz parte de grandes conglomerados de Luxo que demandam, obviamente, resultados expressivos e exponenciais. A resposta a esse paradigma, em alguns casos, está na estratégia de posicionamento de uma certa categoria dentro da marca. Exercitam o Luxo Absoluto, em seu mais alto patamar de exclusividade, para continuar sendo objeto de desejo daqueles que têm como principais fatores de decisão aquilo que é ímpar, exclusivo, sua inacessibilidade.

É o caso, por exemplo, da joalheria da Louis Vuitton. Enquanto a marca segue expandindo o diálogo com o cliente ao redor do mundo, mantém sua coleção mais exclusiva de joias, comercializada no mais alto patamar de valores. Só existem dois pontos de vendas permanentes dessa coleção em todo o mundo: Paris e Cingapura. Esta última foi inaugurada em janeiro de 2024, como parte de uma estratégia de loja ultraexclusiva.

Com espaços exclusivos dedicados a seu público VIC (Very Important Clients), a hipersegmentação tem como objetivo oferecer uma experiência única para o perfil de cliente que proporciona à marca os maiores gastos. Essa iniciativa surgiu por meio de algumas marcas de Luxo logo na reabertura do período pandêmico, como estratégia para neutralizar as frustrações de seus clientes especiais com o fluxo intenso nas lojas e as enormes filas encontradas nas principais cidades turísticas.

O espaço ultraexclusivo de 690m² da Louis Vuitton em Cingapura fica no segundo e no terceiro andar da loja aberta ao público em geral. É todo ambientado como se fosse um elegante apartamento francês, com fotografias históricas, itens de colecionador e símbolos locais inseridos dentro do universo da marca (como um pôr do sol da cidade permeado por monogramas da marca no teto, por exemplo).

A Chanel é outra marca que também anunciou planos de abrir lojas exclusivas *by invitation only*, ou seja, para seus clientes mais exclusivos, os *top spenders*. Assim como a Louis Vuitton, a estratégia da marca é focar inicialmente no mercado asiático.

Essa jornada de atendimento mais exclusiva no espectro das marcas de Luxo deve, naturalmente, ser replicada no universo digital. Nesse sentido, o conceito da hiperpersonalização promete transformar por completo a experiência online do cliente especial dessas marcas.

A ideia é antecipar as necessidades de consumo e customizar todo e qualquer ponto de contato com o cliente especial. Por meio da inteligência artificial, as ferramentas irão cruzar o comportamento do cliente nas redes sociais com gostos, preferências e *lifestyle*, mapeados junto a seu histórico de compras para oferecer sugestões personalizadas e totalmente direcionadas, sob medida para suas preferências mais pessoais.

Conhecer essas nuances de Gestão do Luxo praticados pelas marcas de maior relevância do mercado possibilita uma compreensão mais aprofundada desse ecossistema e, consequentemente, gera maior valor para o cliente especial, inspira questionamentos e ajuda a traduzir essas estratégias para o dia a dia profissional. É uma forma de elevar nossa criatividade, mas, acima de tudo, expandir nosso protagonismo no mercado.

AS PARTICULARIDADES DO MERCADO BRASILEIRO DE LUXO

1. ALÉM DO SUDESTE E DAS CAPITAIS PROTAGONISTAS DO PAÍS

Uma das principais dores dos gestores de marcas globais de Luxo que chegam ao Brasil é a falta de uma compreensão mais ampla sobre as particularidades do consumo brasileiro no Luxo.

Além do número significativo de capitais com população acima dos 2 milhões de habitantes, temos diversas outras localidades menores que apresentam números surpreendentes em relação ao seu poder de consumo.

Comparado ao "velho mundo", o Brasil é um país jovem, percorreu um processo de desenvolvimento não linear e dessincronizado.

Apesar de contar com cidades de fundação mais antigas, como Cuiabá e Corumbá, foi somente com a mudança da capital do país do Rio de Janeiro para Brasília, em 1970, e a partir do processo migratório mais intenso nos anos 1990, que a região Centro-Oeste despontou como uma das regiões mais ricas do país – sobretudo em razão do investimento no agronegócio.

Desde então, Brasília e Goiânia sempre foram destaque no setor do Luxo. Ao longo dos anos, as duas capitais atraíram investimento dos mais variados players, marcas de grande relevância, empreendimentos imobiliários de destaque nacional e opções variadas de gastronomia e bem-estar.

Ao longo do tempo, algumas marcas de Luxo perceberam que parte da alta renda de Goiânia não tinha como hábito comprar em Brasília, apesar da proximidade. O destino muitas vezes era São Paulo ou Rio de Janeiro, o que fez com que algumas delas tomassem a decisão de montar operações locais na cidade.

O Shopping Flamboyant, na capital goiana, é casa de grifes como Gucci, Louis Vuitton, Dolce & Gabbana e Bvlgari, dentre inúmeras outras marcas de Luxo e Premium. Todo esse movimento também alavancou operações de gastronomia, *real estate*, saúde e bem-estar.

Além de Goiânia, há outras cidades que se destacam dentro do estado. Anápolis, Aparecida de Goiânia e Rio Verde, por exemplo, são grandes expoentes do agronegócio no país, e boa parte das marcas de Luxo tem uma base fiel de clientes em cada uma dessas cidades.

Também aconteceu um enorme *boom* econômico na região centro-norte do Mato Grosso, no chamado cinturão agrícola, formado por cidades como Sorriso, Sinop, Lucas do Rio Verde, Nova Mutum e Alta Floresta. São cidades com pouco mais de 40 anos em média, com um desenvolvimento surpreendente, servidas por dois aeroportos locais e um poder econômico muito acima da média para cidades do mesmo tamanho.

A região fica a cerca de 400km ao norte de Cuiabá e não tem uma gama muito variada de opções de lazer, gastronomia e entretenimento. Resultado? Investimentos suntuosos no metro quadrado. Inúmeros condomínios com casas com cerca de 1000m², projetos dos mais renomados arquitetos do país, acabamentos com o que há de mais exclusivo no mundo da arquitetura e decoração e interiores repletos de itens de desejo.

Importante notar que, em efeito similar ao que ocorre entre Goiânia e Brasília, parte da clientela de alta renda do centro-norte do Mato Grosso prefere comprar em São Paulo ou no Rio de Janeiro em vez de Cuiabá, apesar de a capital do estado estar mais próxima. A facilidade de ter dois aeroportos locais em Sorriso e Sinop, além da grande quantidade de jatinhos executivos, faz com que esse cliente opte pela região Sudeste, em busca de uma maior exclusividade.

Há ainda um certo "bairrismo" dentre as cidades no mesmo cinturão. São inúmeras as operações que abrem filiais locais em cada uma dessas cidades para garantir resultados mais expressivos com o cliente.

Mais recentemente, foi a vez do Mato Grosso do Sul apresentar-se como destaque no setor do Luxo. A partir de 2017, houve um crescimento acelerado nos números da alta renda na região, também fruto do agronegócio. Dourados, Chapadão do Sul, Sidrolândia, São Gabriel D'Oeste e Maracaju são cidades que aparecem de forma constante nas listas de marcas globais de Luxo, como polos de clientes de grande poder aquisitivo.

No outro lado do país, devemos ressaltar a importância da região oeste da Bahia: Barreiras, Luis Eduardo Magalhães e São Desidério. Forte produtora de soja e algodão, a região tem crescido de forma exponencial. Com pouco mais de 15 mil habitantes em 2000, o município de Luis Eduardo Magalhães (ou LEM, como é chamado pelos locais) foi para mais de 100 mil habitantes no censo do IBGE de 2023, sendo a cidade que mais cresceu em todo o estado.

Como resultado, o valor do metro quadrado na região aumentou, fruto da busca por melhores oportunidades pela clientela de alta renda. As concessionárias de veículos de Luxo e Premium apresentam filas imensas nesses locais, cujos clientes ficam cerca de um ano à espera de seus carros mais exclusivos.

Existem muitas nuances no mapeamento do comportamento de mercado no Brasil, mas sobre um fator, não há dúvidas: o agronegócio é um dos maiores responsáveis pela expansão no consumo do Luxo na última década.

Ainda no Nordeste, é impressionante o que ocorre em João Pessoa e em toda a Paraíba. A capital do estado e seus arredores têm atraído forte investimento, e o nível das operações em *real estate*, gastronomia, varejo e hospitalidade surpreende cada vez mais. Campina Grande se tornou uma das maiores referências do interior do Nordeste como um oásis tecnológico, e atualmente é conhecida como uma das cidades mais inovadoras do país. Além disso, é grande exportadora de calçados e concentra mais de 20% das indústrias de todo o estado.

Balneário Camboriú e Praia Brava, no município de Itajaí, em Santa Catarina, são os grandes destaques em metro quadrado na história mais recente do litoral brasileiro. No entanto, é interessante observar as particularidades do perfil do investidor local. Apesar de estarem "coladas", há certa diferença de público.

Praia Brava foi por anos um paraíso de surfistas, com acesso somente por trilhas. É repleta de áreas de preservação natural e dialoga muito com o perfil de cliente com espírito mais jovial, em busca de propósito.

Já Balneário Camboriú é considerada muitas vezes como o metro quadrado mais caro do litoral brasileiro. A cidade tem torres assinadas por marcas de Luxo, parte dos empreendimentos mais altos do país e uma infraestrutura de lazer da mais variada possível.

A cidade é um dos destinos preferidos da alta renda de Mato Grosso, Mato Grosso do Sul e Goiás, até mesmo pelo fato de parte dessas famílias terem origem sulista. Ao adquirirem fortuna, investiram em Balneário Camboriú como o destino perfeito para a "casa de praia". Não à toa, as principais incorporadoras da cidade têm banners de seus empreendimentos imobiliários espalhados pelos aeroportos do Centro-Oeste.

Trancoso, distrito de Porto Seguro, na Bahia, segue como uma das principais escolhas de grande parte da alta renda não só brasileira, mas também internacional, que procura no país um destino litorâneo mais exclusivo. Desde os anos 2000, o vilarejo virou febre entre o público com maior poder de consumo, e atualmente conta com hotéis e pousadas premiados mundialmente.

O conglomerado nacional de Luxo JHSF, que detém o controle do grupo Fasano, optou por Trancoso como parte de seu plano de expansão de seu portfólio hoteleiro, cuja unidade foi aberta no final de 2021, no famoso Quadrado, área central do vilarejo repleto de restaurantes, bares e lojas. Há também outros hotéis de Luxo de grande destaque nacional inaugurando unidades no vilarejo: o potencial local está longe de se esgotar.

Durante as datas mais concorridas, há filas de jatos executivos para pousar em seu pequeno aeroporto local. Marcas nacionais de grande destaque disputam para assinar os beach clubs. Recentemente, Trancoso vem recebendo inclusive o olhar das marcas globais de Luxo, com ativações exclusivas em *hotspots* voltados para o cliente de alta renda. Exemplo disso é a ativação da Ferragamo na cidade durante o verão de 2024.

Com empreendimentos residenciais, vilas e espaços para locação disponíveis para todos os tamanhos de bolso, Trancoso se firma cada vez mais como uma Saint Tropez ou Ilha de Capri brasileira. No entanto, a cidade baiana não permanece nesse pódio sozinha: São Miguel dos Milagres, em Alagoas, despontou na última década como uma das principais escolhas da alta renda brasileira, em especial como *destination wedding* e para a celebração do Réveillon.

A cidade faz parte da rota ecológica de Milagres, juntamente com Passo de Camaragibe e Porto de Pedras, em um total de 23km de praias permeadas pela segunda maior barreira de corais do mundo. Desde a pandemia, o fluxo de cliente com poder de consumo mais elevado cresceu fortemente, assim, toda a região tem atraído investimento bem agressivo em *real estate*, hospitalidade, gastronomia e serviços como um todo.

Em todos os mapeamentos e trocas executivas realizadas por nossa Consultoria ao longo dos anos, Fernando de Noronha é um destino sempre apontado. A ilha é repleta de opções em hospitalidade, gastronomia e lazer dos mais variados, e sua paisagem conta com algumas das praias mais belas do mundo, segundo veículos internacionais. É também o local de escolha para casamentos exclusivos e palco de eventos de grande relevância nacional. Por isso, há constantes investimentos em infraestrutura, voltados para o público com padrão de exigência mais elevado.

Na região Sul, Gramado, no Rio Grande do Sul, e Joinville, em Santa Catarina, costumam atrair um público com alto poder aquisitivo e merecem um olhar mais aprofundado.

Há inúmeros exemplos pelo país de locais que, ao longo do tempo, vão perdendo o seu charme, por causa de erros na administração pública ou de um empresariado local menos atento à necessidade de mudanças e contemporaneidade. Não é o caso de Gramado: a cidade segue se reinventando e atraindo um fluxo enorme de turistas. É de longe um dos melhores trabalhos de destino turístico da América Latina.

Nas últimas décadas, a cidade-luz brasileira reforçou ainda mais sua oferta de hospitalidade de Luxo, com opções de entretenimento e gastronomia, varejo, infraestrutura e eventos de grande relevância nacional. Além de ter um de seus hotéis premiado como o melhor do mundo há alguns anos, é também local de escolha de operações internacionais, como o Hard Rock Café, e alguns dos principais resorts que operam no país já anunciaram a abertura de novas unidades na região.

Já Joinville tem um perfil totalmente distinto, pautada em uma economia bastante equilibrada entre indústria, comércio e serviços. Município mais populoso do estado de Santa Catarina, Joinville figura dentre as melhores cidades do país para se fazer negócios e é destaque em exportações.

Acanhado na manifestação de comportamento relacionado a produtos e serviços de Luxo, o cenário de Joinville começou a mudar por meio do avanço em seu processo de verticalização residencial, com empreendimentos de alto padrão de destaque nacional.

O *real estate* muitas vezes funciona como motor de propulsão das mudanças de comportamento de consumo locais. Nos últimos anos, a Daxo, uma das incorporadoras mais inovadoras e disruptivas do país, tem desenvolvido projetos com os arquitetos mais desejados de todo o território nacional. O movimento gerado por essa operação tornou possível alcançar um preço médio de metro quadrado até então impraticável no cenário local, antecipando um produto que o cliente busca no mercado, uma vez que o tempo de espera de um empreendimento em construção é de até 5 anos.

Junto a esses locais de investimento menos óbvios, temos naturalmente que considerar as cidades de grande relevância no Sudeste do Brasil, que já deveriam estar no mapa mental de empresas e profissionais que investigam o segmento de alta renda ao longo do tempo. Campinas, Ribeirão Preto, São José do Rio Preto, Vila Velha e Uberlândia seguem se reinventando e são responsáveis por uma importante fatia nos resultados das operações de Luxo brasileiras.

2. TEMPO DE PERMANÊNCIA DO BRASILEIRO NO VAREJO DE LUXO

O brasileiro é um dos clientes que apresenta maior tempo de permanência em operações cujo foco são produtos e serviços. Além das lojas, somos a cultura que mais fica sentada numa mesa de restaurante. Em alguns países da Europa e nos EUA, é comum que a equipe de um bar ou restaurante apresente o fechamento da conta antes de ser solicitado. No Brasil, isso não acontece.

Essa particularidade nacional gera muitas dúvidas nas operações globais que chegam ao país e precisam compreender a necessidade do espaço não necessariamente destinado à venda, mas sim ao relacionamento. Sofás, lounges, salas privativas utilizadas para pequenas celebrações são práticas muito comuns em pontos de venda que atendem o cliente com padrão de exigência elevado.

No ramo gastronômico, por exemplo, deve-se compreender que o fluxo possível de atendimento de clientes é menor em razão do tempo de permanência. Já no ramo da saúde, um dos diferenciais no atendimento ao cliente de alta renda é a disponibilidade de tempo do médico ou profissional da saúde em ouvi-lo sem pressa. Há operações que inclusive bloqueiam até 1h30 para uma consulta comum, a fim de estreitar o relacionamento com o cliente especial.

No varejo, há casos de clientes que chegam a passar de três a quatro horas dentro de uma loja física. O consultor de vendas muitas vezes tem autonomia e *budget* para solicitar refeições para aqueles clientes mais especiais, mas sempre com o devido cuidado para equilibrar a gentileza do acolhimento com os resultados comerciais.

Fabiano Andrade, que atua como private client advisor da Fendi, narra um episódio em que essa proximidade no relacionamento gerou grande retorno para a marca:

"Convidei uma cliente com a qual estava tentando desenvolver relacionamento para um atendimento exclusivo na marca de Luxo em que trabalho e, ao chegar na loja, a surpreendi com três coxinhas do bar Veloso [à época, eleita a melhor coxinha do Brasil], pois certa vez ela havia me dito que amava coxinhas. Tivemos uma tarde incrível, com champanhe, coxinhas e 100 mil reais em venda".

Esse perfil do brasileiro acaba refletindo na ambientação e na arquitetura dos locais de atendimento. Muitas marcas globais de Luxo têm inclusive feito um trabalho de "tropicalização" de suas lojas no Brasil, para criar mais sinergia entre a marca e a localidade, além de proporcionar um ambiente mais "caloroso" para seu cliente local. O ambiente físico é totalmente pensado para potencializar esse momento de desconexão: o padrão *one size fits all* do passado, no qual os ambientes de loja tinham todos a mesma padronagem ao redor do mundo, sucumbiram ao passar do tempo.

A hiperconectividade traz um contraponto ao comportamento da sociedade. Ao mesmo tempo em que estamos todos conectados, estamos também cada vez mais solitários. No espectro da alta renda não é diferente. A diferença é que essa parcela da população encontra no varejo de Luxo um time disponível para compartilhar suas questões do cotidiano enquanto utiliza aquele momento como forma de escapismo para seus dramas pessoais – não só no varejo.

O mesmo acontece na área da saúde privada mais exclusiva, na experiência gastronômica favorita, no hotel de preferência. O brasileiro tem uma abertura muito maior para falar de sua vida pessoal do que cidadãos de outras partes do mundo. Por isso, é comum que os profissionais dos serviços acessados, a partir da construção de um relacionamento mais próximo, assumam um papel também de "terapeuta" ou "confidente", com a vantagem de uma neutralidade que o cliente busca.

3. A QUESTÃO DA PONTUALIDADE EM COMPROMISSOS

A fama de que o brasileiro chega atrasado em muitos compromissos é presente na visão de executivos e profissionais estrangeiros que têm compromissos no país. Temos como cultura uma tolerância quase "velada" de até 15 minutos de atraso em qualquer agendamento. Até mesmo na rotina do trabalho os atrasos são muito corriqueiros.

Basta analisarmos, por exemplo, o que ocorre em muitos consultórios médicos ao redor do país. São constantes as reclamações sobre o tempo de espera excessivo, mesmo com hora agendada. Sabendo da dificuldade de pontualidade nesses ambientes, o paciente também se permite atrasar e as clínicas acabam flexibilizando, porque também cometem muitos atrasos.

Outro setor que constantemente esbarra na questão da pontualidade é a aviação comercial no país. É corriqueiro que a taxa de atrasos mensais da maior parte das companhias áreas ultrapasse os dois dígitos. É algo enraizado, e vai muito além da esfera profissional.

Quem nunca foi a um casamento marcado para as 19h, que só teve início às 20h ou 20h30? Festas e eventos sociais muitas vezes precisam ser marcados com uma hora de antecedência do que o efetivamente programado para garantir uma presença maior no horário adequado. Algumas vezes o próprio anfitrião se surpreende com um eventual convidado que chega no horário.

Um estudo do psicólogo social americano Robert Levine, autor do livro *Uma geografia do tempo*, com levantamento produzido em grandes cidades de 31 países, concluiu que os brasileiros estão entre os povos menos pontuais do planeta. Os suíços, no contraponto, aparecem como líderes em pontualidade.

As justificativas muitas vezes recaem sobre os desafios com o trânsito, os atrasos em compromissos anteriores ou quaisquer questões com tecnologia ou infraestrutura.

Obviamente, isso afeta de forma considerável a produtividade e eleva um fator crítico de estresse, até mesmo de burnout. Muitos executivos brasileiros alegam como uma das principais causas de seus desafios emocionais a dificuldade de administrar seu tempo.

Assim, temos um desafio maior para valorizar o tempo precioso de nosso cliente. Operações e profissionais que conseguem administrar bem suas agendas se destacam em um universo tão impontual.

4. A CONEXÃO DIGITAL DO BRASILEIRO

O consumidor brasileiro é intensamente emocional, relacional e sinestésico e essas particularidades são transferidas quase como um "espelho" como reflexo no universo do online. Ao longo do tempo nos tornamos também profundamente digitais.

Em um cenário onde o Brasil ocupa a segunda posição mundial em tempo online, apenas atrás das Filipinas, o ambiente digital deixa de ser um espaço secundário para o cliente e passa a ser parte integral em toda sua jornada de consumo. Esse hábito revela um imenso potencial ainda a ser explorado, onde o desejo é construído com base em referências visuais, sensoriais e culturais.

Para o cliente que se relaciona com as marcas de Luxo, o digital não é apenas uma ferramenta: é um portal para experiências, um ponto de encontro onde ele molda seus sonhos e constrói seus desejos. As redes sociais, em especial o WhatsApp e o Instagram são, para o brasileiro, mais que ferramentas: são extensões do próprio cotidiano. Esses canais não apenas informam; eles envolvem, emocionam e, com uma comunicação bem direcionada e customizada, têm o poder de transformar um simples contato em uma experiência memorável.

No WhatsApp, uma resposta rápida e cordial faz toda a diferença; uma comunicação ágil, empática e individualizada se transforma em uma extensão da própria excelência do atendimento presencial. Durante a pandemia, nenhum canal foi mais protagonista do que o WhatsApp e ele segue no país com um papel fundamental de ferramenta de vendas.

Já no Instagram, o cliente é constantemente exposto a um mundo de possibilidades – campanhas exclusivas, coleções inéditas e histórias de bastidores. Cada imagem, cada vídeo e o *storytelling* de cada legenda são construídos para criar um universo aspiracional que cativa. É um espaço no qual, mais do que nunca, a comunicação precisa ser pensada em cada detalhe, em que o conteúdo é uma porta de entrada para o relacionamento e, se bem direcionado, faz o cliente sentir que é, de fato, parte do mundo que tanto admira.

A excelência no atendimento, hoje, é também digital. Esse consumidor quer ser ouvido, quer se sentir valorizado e busca um nível de personalização que vai além de um simples nome no início de uma mensagem. Ele quer receber conteúdos que dialoguem com seu *lifestyle*, quer ver no atendimento digital uma continuidade do que encontra nos pontos de venda. Aqui, o atendimento deixa de ser apenas uma transação e se torna um momento de cumplicidade, em que cada interação é uma oportunidade de surpreender e de encantar.

No universo digital, a linguagem emocional, o *timing* perfeito e a sensibilidade são fundamentais para fazer o cliente perceber que, mesmo sem o toque físico, há algo intangível que o conecta. E é essa conexão que faz com que ele volte, que se identifique e que o conduza a viver experiências verdadeiramente únicas.

5. ESCRITÓRIOS DAS MARCAS DE LUXO NO PAÍS E BUDGET RESTRITO

Ainda existe uma grande fantasia no mercado brasileiro de que as marcas de Luxo globais que atuam no país têm um orçamento quase irrestrito para ações que envolvam marketing e comunicação local.

No entanto, a realidade se mostrou bastante diferente. A administração direta de boa parte dessas marcas que atuam no Brasil tem uma trajetória de pouco mais de 15 anos, em média, e no início as operações tinham apenas de cinco a dez membros de sua equipe residentes no país, além do time comercial das lojas. Mesmo nos dias atuais, os times são bastante reduzidos se comparados com o varejo nacional.

Muitas vezes, o prestígio de uma marca é usado para a negociação de um evento ou de um fornecedor que irá compor uma ativação. Dessa forma, a marca consegue respeitar os limites do *budget* restrito imposto pelas matrizes globais, já que o Brasil, em comparação com outros mercados internacionais, tem pouca relevância nos resultados globais.

Quando há a necessidade de contratação de um grande evento local de celebração da marca, ou até da contratação de um influencer com custos mais elevados, as matrizes globais assumem o investimento como parte do institucional da operação.

Cabe lembrar que a presença no país é de extrema importância para as marcas de Luxo globais, até como papel de educação de consumo e "vitrine". Os resultados dessas marcas não se dão apenas no consumo local: o brasileiro consome essas marcas de forma muito expressiva também internacionalmente, e as operações reconhecem a importância de lojas físicas no país para gerar maior conexão com seu cliente em potencial.

Esse panorama não é diferente em outros ramos de atuação. O segmento automobilístico, por exemplo, também tem times reduzidos no país em comparação a suas matrizes globais. Por isso, é uma ilusão pensar que temos uma estrutura organizacional robusta de marcas internacionais no Brasil.

6. O ESPECIFICADOR NOS PROJETOS DE ARQUITETURA E DECORAÇÃO

No Brasil, o poder de influência do especificador na tomada de decisão em projetos que envolvam arquitetura e decoração voltados ao público de alta renda corresponde a mais de 80% dos resultados em vendas na maior parte das operações. Isso não acontece em nenhum outro lugar do mundo.

Essa particularidade demanda das operações ligadas ao Mundo Casa uma estratégia de comunicação e relacionamento voltada para seus "dois públicos", mesmo sendo claro que o principal cliente é o arquiteto/decorador.

Não à toa, explodem no país os resultados dos clubes de relacionamentos que premiam o público especificador com os mais variados mimos, viagens e ações de encantamento na busca de oportunidades de conexão entre os lojistas e seu cliente "indireto" mais recorrente.

Alguns dos principais players do país com foco em alta renda estruturam plataformas que proporcionam mais empoderamento aos projetos de seus clientes arquitetos e designers de interiores. Além disso, investem em programa de capacitação em repertório no comportamento de consumo do cliente direto, envolvem parte de sua base de arquitetos na cocriação de tendências do setor e fazem premiações anuais para gerar maior engajamento.

É um público constantemente assediado por todas as operações, que aproveita a chancela das marcas mais exclusivas em seus projetos para demonstrar seu posicionamento elevado diante do mercado.

Os números de brasileiros na Semana do Design em Milão, na Maison et Objet, em Paris, e na Art Basel, em Miami, batem recorde todos os anos, ressaltando o quão positivo têm sido os resultados desse setor no Brasil.

7. O CARRO NO BRASIL: SÍMBOLO DE STATUS E FATOR DE PROTEÇÃO

Apesar da enorme queda no número de habilitações tiradas pelas novas gerações, o carro ainda é um dos principais símbolos de status para o brasileiro.

Mesmo com o avanço da mobilidade urbana, do transporte por aplicativo e de opções alternativas disponíveis na atualidade, os resultados em vendas dos carros de Luxo no país batem recordes.

Como reflexo do período pós-pandêmico, a alta renda redescobriu e fortaleceu sua paixão por viagens curtas com seu próprio automóvel, já que os novos formatos de trabalho garantem mais flexibilidade para trabalhar numa segunda ou terceira casa. Dessa forma, o carro, que sempre esteve na cultura brasileira como símbolo de um poder aquisitivo mais elevado, volta a apresentar resultados expressivos dentro das categorias Luxo.

O símbolo de status não é diferente em relação a outros países, mas, no Brasil, ele também representa fator de proteção. Os diversos desafios com a insegurança fizeram o país bater recordes na venda de carros blindados em 2023, com um aumento de 23% em relação ao ano anterior, sendo que os estados de São Paulo e Rio de Janeiro representavam mais de 90% dessas vendas durante o período especificado.

8. PARCELAMENTO: PARTE DA CULTURA BRASILEIRA TAMBÉM NA ALTA RENDA

Já fomos questionados muitas vezes se o cliente de alta renda também costuma parcelar. A resposta, na maior parte dos casos, é SIM. Como não existe a prática de conceder reduções para pagamento à vista, o cliente prefere parcelar suas compras, até para diluir o impacto mensal dos seus gastos com itens de desejo no eventual compartilhamento do âmbito familiar.

O parcelamento sem juros no cartão surgiu na década de 1990 como alternativa ao cheque pré-datado e como desdobramento de uma longa trajetória de hiperinflação. Em 2022, a pesquisa Datafolha apontou que 75% da população fez uso do crédito parcelado naquele ano. No âmbito da alta renda, esse percentual não é muito distante.

A dinâmica do parcelado é muito comum na América Latina, e seus detalhes operacionais são muito díspares em cada país. No entanto, a modalidade "sem juros" é muito específica e bem particular no caso do Brasil: o país foi escola para esse movimento na região. Na Europa, nos EUA e em outros países, ocorre desde 2020 uma iniciativa denominada *Buy now, pay later* ("Compre agora, pague depois"), que prevê a possibilidade de compra para pagamento em parcelas mensais, quinzenais e até semanais. Há casos nos quais a iniciativa cobra juros pela operação, e outros em que não há cobrança, depende muito da instituição financeira de cada operação.

Na prática, não existe o parcelamento sem juros, e tais correções são embutidas no valor final em razão da busca constante pelo parcelamento. Mas o cliente brasileiro, mesmo com dinheiro disponível, entende a possibilidade como vantagem e gosta de parcelar.

É um diferencial inclusive defendido por muitos consultores de venda na defesa da compra dentro do território nacional em contrapartida com a possível compra numa viagem no exterior.

No período pandêmico, muitas marcas estreitaram o relacionamento com parte da base de clientes que tinha como hábito comprar itens de desejo durante viagens internacionais. Como foram "forçados" a consumir internamente, as marcas souberam identificar e aproveitar esse momento.

Apesar de a tributação brasileira ser mais complexa, os preços praticados no país foram equalizados para que ficassem mais próximos do que se costuma ofertar no exterior. Além disso, o câmbio também não tem favorecido de forma muito significativa as compras fora do país. No Brasil, temos a possibilidade de um parcelamento que varia entre 4, 6 e até 10 vezes, mesmo dentro das marcas globais mais desejadas.

Somado a isso, o relacionamento que o consultor de vendas tem com seu cliente é muito mais próximo do que com o consultor do turista internacional, em uma boutique numa cidade turística que frequentemente tem filas na porta da loja. Como resultado dessa combinação de fatores, as marcas de Luxo bateram números recordes de vendas nos últimos anos.

A INTELIGÊNCIA APLICADA À GESTÃO DO LUXO

CASE BIORITMO

Estruturar uma trilha de conhecimento que contemplasse módulos de imagem corporativa, hospitalidade e comportamento de consumo como forma de gerar maior nivelamento de repertório com a rede, desde o gerenciamento de ativações nas unidades com ações de datas comemorativas até o diálogo dos consultores no dia a dia.

OBJETIVO

Complementar o plano de reposicionamento da marca Bioritmo no mercado, por meio da elevação do atendimento, sofisticação, padrão diferenciado e apresentação pessoal de suas equipes.

SOLUÇÃO

Estruturar um programa de capacitação comportamental atrelado às demandas e às exigências de um público com padrões cada vez mais elevados com foco em atendimento e serviços, apresentação pessoal e hospitalidade. Esse programa foi ministrado por Carlos Ferreirinha e especialistas convidados e era composto de etapas complementares, que promoviam o aprimoramento contínuo e o despertar do interesse dos participantes pela busca independente de conhecimento ainda mais aprofundado.

RESULTADOS

- Oportunidade de nivelar entendimento de um público diverso sobre temas-chave na percepção de sofisticação da operação.
- Diferentes momentos com troca rica para esclarecer dúvidas e exercitar protagonismo na dinâmica do dia.
- Desenvolvimento de habilidades dos líderes para multiplicação dos conteúdos no caso de *turnover*.
- Mapeamento dos destaques para compartilhar melhores práticas nos desdobramentos do programa.

PARTE 3
CLIENTE & CONSUMO

PERFIS DO
CONSUMIDOR
DO LUXO NO BRASIL

> *"É preciso proporcionar experiências que justifiquem o deslocamento."*
> **CARLOS FERREIRINHA**

A experiência do Luxo não é única, longe disso: ela é multifacetada, e suas nuances podem variar muito de um perfil de consumidor para o outro.

Mas você saberia identificar prontamente o perfil de cliente que está à sua frente e personalizar seu atendimento de acordo com as necessidades e as expectativas dessa pessoa ou de um grupo?

Em nossa experiência na Gestão do Luxo, costumamos classificar o perfil do consumidor de acordo com sua maturidade de consumo:

ELITE TRADICIONAL

- Já consome Luxo por mais de duas gerações.
- Padrão de consumo mais "low-profile".
- Sofre menos interferência do meio externo.
- Mantém-se fiel ao seu círculo social (família e amigos), sua fonte mais confiável de informações ao fazer escolhas relacionadas às compra de Luxo.
- Mais segura nas decisões de compra.
- Experiência personalizada e exclusiva.
- Proximidade e humanização na experiência de compra.

Pessoas deste grupo consomem Luxo de modo natural, por hábito, sem ostentação ou necessidade de mostrar poder de consumo. Não gostam de chamar a atenção para si: ficam longe dos "camarotes com bebidas que piscam", por exemplo, têm um grande apreço pela arte e cultura e suas viagens envolvem programas que agreguem conhecimento e experiência. Os momentos de celebração acontecem principalmente nas viagens e em *petit comité* (pequenos grupos) nas residências.

Têm um nível educacional acima da média, embora o diploma não seja pré-requisito para distinção social. Costumam habitar em grandes propriedades no interior ou apartamentos suntuosos, têm estilo refinado e gostam de ter acesso às novidades em primeira mão. Cada vez mais procuram marcas com propósito claro e alinhado com seus valores.

ELITE MODERNA

- Acesso ao consumo de Luxo em sua primeira ou segunda geração.
- Nova geração de riqueza do país.
- Público mais jovem e diversificado, majoritariamente formado pela geração millennial.
- Padrão de consumo "*show-off*", de mais ostentação.
- Segue tendências e gosta de demonstrar poder aquisitivo por meio de objetos da moda e marcas reconhecidas.
- Fortemente influenciada pela tecnologia e pelo uso das mídias sociais para tomar decisões de compra.
- Costuma utilizar-se de marcas e produtos para demonstrar status e prestígio.
- Frequenta hotéis e restaurantes badalados.

No segundo grupo, temos os chamados Henrys (*High earnings, not rich yet*), termo lançado em 2003 pela revista americana *Fortune*, que engloba aqueles profissionais que atingiram um patamar elevado de salário, mas ainda não constituíram um patrimônio.

Trata-se de um perfil que tem certa representatividade em modelos não tradicionais de matrimônio, como casamentos LGBTQIA+. São mais cosmopolitas e fluentes em vivências internacionais. Apaixonados por tecnologia e tudo o que há de mais atual no mercado.

Com o aumento da presença desses consumidores no mercado de vendas de Luxo, as marcas terão que se comunicar e comercializar seus produtos de maneira que agrade a essa geração, oferecendo produtos inclusivos, ainda que individualizados e autoexpressivos.

Como os Henrys são clientes de importância crítica, o relacionamento pode ser construído ao endossar seus valores essenciais, como autenticidade, capacidade de relacionar-se, compromisso de fazer a coisa certa e seguir práticas sustentáveis.

AGRONEGÓCIO

Além dos perfis citados, um subgrupo que merece destaque dentro da elite moderna é aquele relacionado ao agronegócio. Nesse nicho, o Centro-Oeste tem grande destaque: várias posições do ranking nacional de bilionários são ocupadas por habitantes dessa região.

Devido à falta de experiência internacional e envolvimento com marcas, eles tendem a gostar de grifes que demonstram um esforço em construir um relacionamento com eles. Reconhecimento, bom atendimento, educação e acesso são fatores-chaves para promover um maior engajamento.

As marcas de desejo estão atentas a esse perfil de cliente para criar cada vez maior conexão, ir até ele em eventos locais para educar o consumo, quebrar qualquer tipo de intimidação quanto aos templos de consumo nos grandes centros e estreitar relacionamento com aqueles que até então preferiam comprar no exterior.

SUBCLUSTERS DA ALTA RENDA BRASILEIRA

Dentro dos perfis anteriormente descritos, existe ainda espaço para uma análise mais aprofundada em relação aos subclusters.

Como já afirmado, o agronegócio apresenta terreno fértil para o consumo do Luxo e, diferentemente do que fica no imaginário coletivo, eles sabem o valor real do dinheiro e são extremamente críticos quanto a produtos e serviços que consomem.

É um público que prioriza viagens para feiras e cursos envolvendo seus negócios, sempre em busca de inovação para o agro, seja no mercado interno ou no exterior.

Outra subclassificação importante diz respeito ao grupo dos executivos e executivas, que muitas vezes têm responsabilidades profissionais que ocupam grande parte do seu dia, todos os dias da semana. Por viverem em grandes centros urbanos, têm uma agenda mais disputada. A leitura adequada e o entendimento dos seus gostos e preferências são grandes diferenciais para estreitar relacionamento e gerar vínculo emocional com esse grupo.

Pautados por opiniões e pontos de vista marcantes, valorizam sua trajetória profissional e o sucesso obtido. Marcas e profissionais que conseguem desenvolver uma conexão com esse público acabam construindo um relacionamento de longo prazo.

É um perfil que geralmente tem sua própria equipe de assessoria ou secretários particulares responsáveis por dar suporte nas mais diversas questões. Proporcionar acesso a profissionais e lugares pode ser um grande diferencial ao desenvolver o relacionamento com esses clientes, já que eles valorizam imensamente o *networking*.

Importante traçar também um panorama sobre as esposas dos indivíduos com *ultra high net worth (UHNW)*, ou seja, com elevado patrimônio líquido. Esse grupo vive da renda familiar, não necessariamente trabalha, mas representa um perfil de consumo extremamente relevante para as marcas de Luxo e Premium.

Parte dessas mulheres acessa produtos e serviços de Luxo motivadas pelo pertencimento, para fazer parte de um grupo seleto que acessa produtos e serviços mais exclusivos. Embora não tenham necessariamente uma vivência muito aprofundada no universo da alta renda, demandam uma educação de consumo e enxergam os consultores de vendas como facilitadores no processo de amadurecimento da compra.

Trata-se de uma clientela muito bem cuidada pelas marcas, que costuma receber convites para eventos sociais e busca esse tipo de acesso principalmente para ter contato com uma elite mais tradicional.

Já para a subclassificação de investidores e clientes seniores, a palavra-chave é "legado". São altamente preocupados com as causas sociais e com o impacto que irão deixar no mundo, principalmente para sua família. Priorizam a família e o lazer.

Independentemente do sub-cluster analisado, o conceito de "ser" está se mostrando mais relevante do que o "ter". A experiência torna-se a chave para incentivar o consumo da alta renda brasileira.

Como apelo experiencial, o tema "viagem" destaca-se como principal interesse e atividade dos consumidores de Luxo. Além disso, nos últimos anos, em especial no momento da pandemia, houve um estímulo a consumir mais no Brasil do que no exterior.

Pela extensa pluralidade de perfis e comportamentos, o diferencial competitivo está em realizar a leitura adequada desse cliente especial. O quanto você está praticando uma escuta ativa para entender gatilhos, nuances e particularidades que possam auxiliar na construção de um relacionamento duradouro?

O OLHAR DO GESTOR

"A alta renda no Brasil não é óbvia. Ela é muito diversa e não está mais concentrada em determinada região A ou B. O fato de o cliente ter poder aquisitivo não significa que o seu acesso é igualmente proporcional. Por isso, o maior desafio – e também a maior oportunidade – está em conhecer o seu cliente ou prospect a fundo e realmente entender que são perfis, desejos, objetivos e, principalmente, acessos diversos."

ELEONORA HALPERN
Diretora de Marketing & Relacionamento com o Cliente JHSF CAPITAL

O BRASILEIRO GOSTA DE SER **MIMADO**

> *"Aprendi que as pessoas irão esquecer o que você falou, irão esquecer o que você fez, mas nunca esquecerão como você as fez sentir."*
>
> **MAYA ANGELOU**

O povo latino traz em sua essência um comportamento mais acalorado, mais tátil e menos distante. Por si só, tais características já se desdobram em expectativas muito claras em relação ao que se espera de um bom atendimento ou de um relacionamento duradouro.

Somado a isso, temos o peso de nosso passado escravocrata. O Brasil foi o último país a abolir a escravatura e esse histórico ainda se reflete nos comportamentos da sociedade e, consequentemente, nas expectativas de atendimento. Gostamos de ser "servidos", não importa a posição social que estamos. Gostamos de quem coloca as compras na sacola, esperamos que alguém coloque combustível, que calibre os pneus.

Com o surgimento do trabalho livre, somado ao êxodo rural, muitos trabalhadores acabaram por se ocupar de trabalhos domésticos. Como consequência, a alta renda brasileira normalmente tem um número significativo de profissionais nas mais variadas funções dentro de sua própria casa: é comum encontrar faxineiras, passadeiras, cozinheiras, babás, piscineiros, jardineiros, motoristas e seguranças trabalhando nas residências da elite brasileira.

Dentro da classe média, não é diferente. Muitas pessoas nunca aprenderam sequer a fazer as mais básicas tarefas de casa. E qual a consequência desses fatores no perfil de consumo do brasileiro?

O brasileiro é um dos perfis de consumo mais "mimados" do mundo. Quando entramos no universo do Luxo, o céu é o limite; as marcas se desdobram em inúmeras iniciativas para surpreender e encantar sua base de clientes.

Quando chegam ao nosso país, as marcas globais ficam surpresas ao ter de lidar com essas características. Na Europa e nos Estados Unidos, há um certo distanciamento profissional e respeito maior ao espaço do cliente. No Brasil, pelo contrário: os profissionais de venda e atendimento chegam a criar vínculos de amizade com seus clientes, em um papel similar com a relação que esses clientes constroem com aqueles que trabalham em seus lares.

O desafio passa a ser, então, muito maior. As expectativas se tornam extremamente elevadas, por isso, o entendimento desses fatores é crucial para absorver o nível de profundidade do relacionamento que se deseja ter.

EXPECTATIVA DO CLIENTE NO RELACIONAMENTO COM AS MARCAS

Por características como essas, fortalecemos em nossa Consultoria a chamada atuação transversal mercadológica – ou "Cross-Luxury", como costumamos dizer – desenvolvendo uma expertise única de entendimento do perfil do cliente em diversas ocasiões de consumo.

Em um estudo interno recente, identificamos os principais gatilhos do cliente especial, com altas expectativas e demandas, sendo ou não clientes ativos de marcas de Luxo. Esse perfil de público prioriza um atendimento personalizado, adora ser surpreendido (fator surpresa ou "*wow factor*") e requer atenção. Demanda uma conexão que vai além do produto, assim, enxerga a personalização como um diferencial, além de buscar marcas e produtos com valores semelhantes aos seus.

Embora a experiência tenha uma importância enorme, ofertas especiais para o cliente, como presentes e benefícios de compra, ainda são os fatores mais importantes no vínculo com uma marca.

Outros aspectos identificados nessa pesquisa demonstram a importância de ser percebido pela marca por meio de atributos reais, humanos e emocionais, além dos racionais e funcionais. Esses clientes buscam construir interações de longo prazo e produzir memórias ao serem apresentados a algo novo.

O OLHAR DO GESTOR

"O vínculo que o vendedor cria com cada cliente é tão importante quanto o produto na decisão de compra. Desde o momento que o cliente entra numa boutique até o pós-venda, o vendedor deverá desenvolver um laço verdadeiro, cuidar do cliente como se fosse a pessoa mais importante do mundo. No pós-venda, precisa surpreendê-lo usando as informações que adquiriu previamente. Esta é a melhor maneira de cultivar a lealdade de um cliente: surpreender."

MAXIME TARNEAUD
Former Managing Director Cartier Brazil

RAZÕES E MOTIVAÇÕES DE COMPRA DE LUXO

> *"A experiência será tão mais importante do que a posse!"*
> **CARLOS FERREIRINHA**

O Luxo, ou mais precisamente o consumo de Luxo, por muito tempo despertou certa rejeição e distanciamento. Isso teve início no século 17, na França, devido à enorme opulência da família real, somando-se à crise econômica da época e à repulsa ao estilo de vida da aristocracia. Ainda hoje, o Luxo é carregado de percepções negativas, em parte por ser associado à ostentação.

Na verdade, as motivações de compra de Luxo são bem mais abrangentes. São muitos os fatores que exercem influência sobre a tomada de decisão, que podem ocorrer de forma concomitante:

- Consome-se o Luxo por hedonismo, ou seja, pelo prazer por si só. Esse é um caso de um consumo emocional, que desperta desejo e satisfaz aquele que o procura, ao menos de forma momentânea.
- Compra por indulgência também é um motivo bastante corriqueiro. É o famoso "eu mereço", ou seja, o consumo como recompensa, para se presentear.
- Há ainda quem busque pelo Luxo para demonstrar poder, se diferenciar. Aqui, destaca-se a compra por distinção social, o consumo com o intuito de se distanciar de um determinado grupo.
- No sentido contrário, existe também o consumo como busca do pertencimento, para fazer parte de um grupo, sentir-se inserido em determinado contexto. Quando ter um sobrenome de "peso" não representa mais a garantia de um status social, parte da alta renda atual busca nas marcas e nos produtos uma chancela para o reconhecimento social.

- Outro fator que notamos no consumo de Luxo é o mimetismo, isto é, a compra sofre influências do comportamento de alguém que se admira ou se tem como referência.
- Há ainda aqueles que consomem por hábito, de forma totalmente natural. Nasceram inseridos nesse contexto, consomem com segurança, sem forte influência do que está na "moda", sendo muito mais influenciados por seu círculo social mais próximo.
- A compra por conveniência também deve ser considerada. As opções de compra ocorrem por estarem inseridas no entorno do indivíduo, nos locais que frequenta.

Como muito bem explicado no livro *Administração de Marketing,* de Kotler & Keller, Freud defende que as forças psicológicas que formam o comportamento dos indivíduos são basicamente inconscientes, e ninguém chega a entender por completo as próprias motivações. Quando uma pessoa avalia marcas, ela reage não apenas às possibilidades declaradas dessas grifes, mas também a outros sinais menos conscientes.

O OLHAR DO GESTOR

"A jornada de cada cliente com a marca se constrói de maneira única. Nessa construção personalizada, é crucial empoderar as equipes.

Como consequência dessa cultura de empoderamento individual, alinhada à visão e às estratégias da marca, é possível identificar entre todas as experiências internacionais e locais qual será a mais assertiva e no momento certo na jornada desse cliente.

Quando esse trabalho é feito de maneira genuína e intencional, os clientes tornam-se amigos e embaixadores da marca, o que felizmente é uma realidade para a Louis Vuitton, como resultado de uma equipe comprometida e apaixonada pelo que faz."

DANIELA GONTIJO
Country General Manager South America Louis Vuitton

AS NOVAS FORÇAS GERACIONAIS DE
CONSUMO

> *"Não são os anos de sua vida que contam. É a vida em seus anos."*
> **EDWARD J. STIEGLITZ**

As profundas mudanças de mercado nos últimos anos levaram ao surgimento de novas expectativas, novos perfis de clientes, novas forças de consumo e novas influências na tomada de decisão.

As gerações passadas tinham uma oferta muito mais limitada de produtos e serviços, pois quase não havia opção de compra. Hoje, diferentemente, quase não há compra sem opção.

Antes, o vendedor ou consultor de vendas era o único com acesso às informações de produtos e serviços comercializados. Hoje, é possível que o cliente conheça mais a marca ou o produto que o próprio vendedor.

O poder de influência de crianças e adolescentes na decisão de compra é crucial. Se antigamente nos vestíamos como nossos pais, atualmente, são os pais que se vestem como seus filhos. Se uma criança de cinco anos diz à sua mãe que tal peça a deixa com uma aparência mais "velha", a mãe interrompe o uso na hora. Profissionais e marcas que ignorarem esse poder de influência no consumo correm sérios riscos de perder espaço no mercado.

É muito comum nos depararmos com novas gerações de consumidores do Luxo que anseiam por autenticidade e exigem transparência como moeda de troca por sua lealdade, escolhendo marcas que, além dos lucros, visam apoiar a sustentabilidade e a filantropia.

Os millennials, representados pelos Henrys (*high earnings not rich yet*), representaram 47% dos consumidores de Luxo global em 2019; a estimativa é de que essa porcentagem chegue a 55% do mercado em 2025.

Além disso, seu poder de influência na tomada de decisão do consumo é gigantesco. Não à toa, vivemos na era da casualidade: cada vez mais, as gerações mais maduras se espelham no comportamento de consumo dessa geração mais jovem.

Segundo matéria publicada na revista *Veja* em outubro de 2020, os millennials, na faixa etária entre 24 e 39 anos, representavam, então, cerca de 34% da população total brasileira. Como força de trabalho, ultrapassaram a marca dos 51% no final de 2021 e, em 2030, representarão uma fatia de 70% do PIB brasileiro.

As mídias sociais e os influenciadores são a principal porta de comunicação com esse novo perfil de clientes, o que exige esforços reais e estratégia clara das marcas de Luxo e Premium. O papel dessa geração tem impactos extremamente significativos nas outras gerações, por isso, um maior entendimento de seus gatilhos de compra e seu comportamento de consumo é crucial.

De que forma posso incorporar esses aprendizados na minha estratégia de atendimento? Na minha comunicação? No meu relacionamento com o cliente desse perfil?

Para facilitar essa compreensão, traçamos alguns fatores que costumam impactar tal perfil de consumidor. Mais uma vez, o que propomos aqui é o olhar crítico: no momento da leitura desta obra, os fatores ainda fazem sentido? Alguma dessas reflexões e insights foi profundamente alterada nos dias atuais? Cabe ao leitor fazer a devida depuração dessas análises conforme a realidade atual.

INDIVIDUALISMO E DIVERSIDADE: os consumidores, especialmente os millennials, desejam ser reconhecidos como únicos e expressar sua individualidade. São divididos em subgrupos e subculturas menores e esperam que as marcas compreendam e abracem sua diversidade.

BEM-ESTAR E SAÚDE: o autocuidado e o bem-estar nunca foram tão importantes como no cenário atual. O corpo se torna o santuário, e os clientes estão prontos para abraçar o conforto ao invés do estilo, ou mesclar os dois (como exemplo dessa tendência, temos a ascensão do *streetwear*).

EXPERIÊNCIAS: os consumidores exigem experiências imersivas das marcas, que complementem a jornada do cliente. Para a geração do milênio, experiências valem mais que coisas ou propriedades.

PHYGITAL NOW (físico + digital): as marcas precisam oferecer a experiência definitiva e ininterrupta do cliente nos mundos físico e digital. Os millennials querem soluções rápidas, porque sabem que seu tempo é valioso.

CONSUMO RESPONSÁVEL: espera-se que as marcas ajam de acordo com seus compromissos de responsabilidade social, para apresentar de forma transparente suas práticas (especialmente sua cadeia de valor). Os clientes são mais conscientes dos pontos de vista social, econômico e ambiental, e esperam ainda mais das marcas.

USO x POSSE: surgem novos modelos de consumo trazidos pelas economias de compartilhamento e reciclagem. Oportunidades de aluguel acabaram com a necessidade de propriedade.

É provável que os Henrys se tornem alguns dos membros mais ricos da sociedade, portanto, integrá-los agora na estratégia de comunicação e relacionamento significa ter a chance de impactar um cliente valioso, com enormes possibilidades de um relacionamento mais estreito com um cliente "abastado" no futuro.

HUMANO
EXCLUSIVIDADE
EXPERIÊNCIA ANTECIPAÇÃO PROPÓSITO
RELACIONAMENTO
CUIDAR **PERSONALIZAÇÃO**
STORYTELLING OUVIR
VALORES

Há ainda o forte impacto da geração seguinte no comportamento de consumo atual.

A geração Z, aqueles nascidos entre 1995 e 2010, aproximadamente, traz particularidades ainda mais acentuadas. Eles representam hoje cerca de 16% da população mundial, segundo a plataforma *populationpyramid.net*.

Uma das pesquisas mais aprofundadas sobre essa geração no que diz respeito ao Luxo é o Estudo Ifop-NellyRodi de 2021. A análise conduzida por esses institutos trouxe algumas importantes considerações sobre as expectativas da geração Z em relação ao Luxo. Que características levam a chamada *Gen* Z a adquirir um produto ou serviço e quais delas continuam relevantes nos dias atuais?

SUSTENTABILIDADE: a geração mais nova dá preferência para produtos e marcas que não causem mal para a humanidade, para o planeta e para o meio ambiente. *Cruelty-free* ou, em tradução literal, livre de crueldade, é a preocupação número 1 nos EUA e número 2 na França em relação à comercialização de produtos.

INCLUSÃO: essa geração busca marcas e produtos que promovam respeito às minorias, uma maior diversidade cultural, uma questão de gênero mais fluida e o pertencimento a um grupo ou a uma comunidade.

BODY POSITIVITY: priorizam a aceitação do corpo sem a necessidade de cumprir um padrão, sem tabus, com valorização da expressão individual.

FOCO NO AUTOCUIDADO: produtos que favoreçam não somente o cuidado com o corpo, mas também a saúde mental. Uma geração pautada em menos maquiagem e mais cuidados com a pele.

MOOD PLAY: brincar com a aparência, relevar seu humor por meio do rosto e corpo, com forte influência na cultura pop, artes visuais e desafios vistos no TikTok.

FULL HD: pautados em uma conexão digital ininterrupta, são viciados em uso de filtros digitais e até mesmo em intervenções estéticas.

Embora se deva estar atento à movimentação das novas gerações no consumo de Luxo, não se podem relevar as mudanças no comportamento de consumo das gerações mais maduras.

A geração *ageless* – atemporal – avança de forma muito significativa nos dias atuais, em especial em países como o Brasil, que vive hoje uma curva de envelhecimento em que os 50+ e 60+ mantêm o espírito jovem. No estilo de vida levado por essa geração, a idade é apenas um número.

A Europa sofreu seu processo de amadurecimento na pirâmide etária há algumas décadas: a população envelheceu em um momento de mercado totalmente distinto, fora da era da internet, da conectividade. Já no Brasil, no momento de seu maior amadurecimento populacional, o "brasileiro médio" envelhece de forma mais jovial, com forte influência das gerações mais jovens, pautada de forma contundente pela era da casualidade.

A experiência da pandemia trouxe ainda mais vivacidade para essa geração, já que saiu de um momento delicado como sobrevivente. Além disso, a potencialização das ferramentas digitais acabou acelerando o processo de mudança de seu comportamento de consumo. Quem não conhece um familiar, um amigo ou um cliente que antes da pandemia era mais resistente a uma videochamada, a uma compra online ou até mesmo ao delivery de comida por aplicativo?

Os reflexos dessas mentes em profunda expansão estão impressos no comportamento dessa geração. São pessoas que vivem no tempo presente. Conectadas, atentas, bem informadas; fazem novos amigos, relacionam-se com grupos de idades mais jovens e se permitem praticar um novo hobby. Desejam ser categorizadas não mais pela idade, e sim pela atitude.

E por falar em *ageless*, estudos recentes apontam que já nasceu o primeiro ser humano que viverá mais de 150 anos. Como você se prepara para encantar esse novo perfil de consumidor?

O OLHAR DO ESPECIALISTA

"Desde cedo eu entendi que não existe uma fórmula mágica que te torne mestre do atendimento. Pensar no básico não adianta mais – o profissional que entende que a superpersonalização é a chave irá se sobressair entre os demais."

FABIANO ANDRADE
Private Client Advisor Fendi Brasil

A ERA DO
RELACIONAMENTO

> *"Eu não sou um produto de minhas circunstâncias.*
> *Eu sou um produto de minhas decisões."*
> **STEPHEN COVEY**

A ERA DO RELACIONAMENTO

O Brasil é um país emergente que por anos viveu um mercado mais "fechado". Viajávamos para fora do país até para comprar pasta de dente importada.

O mercado automobilístico é um exemplo claro desse panorama: tínhamos pouquíssimas opções de veículos até a criação do GEIA (Grupo Executivo da Indústria Automobilística) no governo Juscelino Kubitschek. O órgão previa que, até 1960, 90% dos automóveis no país deveriam ter componentes nacionais.

O primeiro carro 100% brasileiro surgiu em 1956 pela ROMI, indústria do ramo de equipamentos agrícolas. Mercedes-Benz, Volkswagen e Willys-Overland foram as primeiras fábricas a se tornarem nacionais. Já nos anos 1970, a indústria expandiu de forma significativa no ABC Paulista, mas foi só nos anos 1990 que os importados passaram a ter maior trânsito no Brasil.

A partir daí, muitas marcas chegaram ao país nas mais diversas indústrias. Foi o início da Era do Produto, marcada pela expansão do consumo interno e pelo acesso mais ampliado a uma gama muito maior de marcas.

Em paralelo, o mundo vivia uma corrida acelerada pela inovação de produto como grande vantagem competitiva. A internet ainda dava seus passos iniciais e não havia uma estrutura de e-commerce tão bem estruturada, com resultados significativos.

No Brasil, os primeiros exercícios de e-commerce começaram somente em 1995. O produto era protagonista e o cliente dependia do consultor de vendas para conhecer a fundo a marca, sua gama de produtos, todas as suas características e suas ocasiões de uso. O profissional na linha de frente da venda era o grande detentor das informações.

O desdobramento desse período coincide com a aceleração da transformação digital. Marcas, operações, líderes e profissionais eram demandados a potencializar o engajamento com o cliente especial. A conexão mais ampla com a internet possibilitou aos clientes – ou seja, todos nós – acesso rápido às informações. Consultores de venda, até então únicos responsáveis por compartilhar os detalhes de seus produtos, precisavam ir além: não bastava ter um produto especial, era necessário proporcionar uma experiência com este produto.

Esse período pode ser chamado de Era da Experiência, marcada pelas *flagships stores* ou *concept stores*, que se pautam pela experiência do cliente, pelo universo das ativações de marca. Com o consumidor cada vez mais informado, a concorrência do acesso e a conveniência do digital, foi preciso repensar a experiência até então proporcionada ao cliente, surpreendê-lo com a comunicação, encantá-lo com o discurso, com os rituais de acolhimento no ponto de venda, com os estímulos emocionais de conexão com a marca.

O período também reflete o momento em que parte das marcas globais de Luxo tomavam a decisão de estabelecer no Brasil seus escritórios diretos. Até então, a grande maioria era gerenciada por escritórios no México, nos Estados Unidos ou mesmo na Europa. Essa mudança trouxe a possibilidade de um olhar mais tropicalizado e de investimentos mais significativos na experiência do cliente.

Foi um momento marcado pelo varejo assinado por grandes designers, iluminação estratégica estruturada quase como um *visual merchandising*, tecnologia aplicada no ponto de venda, eventos de relacionamento organizados de forma mais consistente.

O mercado Premium também trouxe, nesse período, uma série de novos movimentos. A gourmetização expandia de forma acelerada por meio de edições especiais, safras nobres, lojas boutiques, embalagens disruptivas e um *storytelling* pautado na experiência sensorial. Mas, recentemente, observamos um novo movimento, que acreditamos vir a somar à Era da Experiência. Trata-se da Era do Relacionamento.

Novamente, a pandemia foi um marco nessa transição: o consumo de Luxo teve um dos melhores resultados de sua história durante esse período. Porsche, Louis Vuitton e Rolex são exemplos de marcas que explodiram em vendas nesse período, muito em função desse relacionamento especial, primoroso e forte das operações e de seus profissionais de venda com a base de clientes.

Importante ressaltar também o protagonismo de uma das ferramentas digitais mais utilizadas no Brasil tanto para comunicação como para transações comerciais: o WhatsApp. De 2020 em diante, o aplicativo se firmou como o principal canal entre empresas e clientes, e está presente em 99% dos smartphones brasileiros.

Uma pesquisa recente conduzida pela Opinion Box sobre o comportamento dos usuários brasileiros comprova que 80% dos respondentes se comunicam com empresas pelo WhatsApp. Desse total, 66% já compraram algum produto ou serviço.

A transformação digital já era uma realidade bem antes da pandemia chegar ao país, mas muito do que precisou ser rapidamente construído durante a crise pandêmica já deveria ter sido feito muito antes.

Ter uma presença digital de alto impacto passou a ser crucial em um momento no qual lojas ficaram fechadas por longos períodos, e a utilização dessas ferramentas auxiliou na redução de parte das perdas comerciais.

Profissionais que mantiveram um relacionamento próximo com sua base de clientes especiais saíram na frente no momento da retomada. Foi preciso ter muito tato e cautela na aproximação, já que muitos clientes sofreram perdas lastimáveis. Marcas e profissionais que conseguiram dar certo alento no momento mais difícil, sem o foco imediato na venda, tiveram muito sucesso em vendas imediatamente depois.

O chamado *live commerce* – evento ao vivo em que as marcas apresentam seus produtos e serviços – tornou-se fundamental para gerar vendas e também conteúdo. Marcas de todos os segmentos, incluindo de Luxo, assumiram o *live commerce* como ferramenta de relacionamento.

A Porsche, por exemplo, criou uma forma totalmente digital de experimentar seus veículos em uma nova dimensão, sejam vídeos em 360° ou panoramas, realidade virtual ou aumentada. Antecipando tendências, eles disponibilizaram experiências imersivas que ajudaram os clientes a aproveitar a experiência Porsche em casa.

Com o Porsche AR Visualizer App, a marca tornou-se uma entre poucos fabricantes que oferece aos clientes a possibilidade de examinar virtualmente o carro esportivo dos sonhos e todos os detalhes técnicos em três dimensões. O veículo pode ser ajustado no Configurador da Web ou usando um modelo 3D no aplicativo, e os usuários podem inseri-lo em qualquer superfície virtual, tanto dentro das salas quanto ao ar livre.

Outra marca do segmento automobilístico que evoluiu nas possibilidades digitais foi a Rolls-Royce, desempenhando o papel de *matchmaker* para indivíduos de alta renda. Em 2020, após o lançamento da versão beta em 2018 (aberto apenas para novos compradores de veículos), a montadora apresentou oficialmente seu aplicativo Whispers. Por meio dele, os membros podem se conectar uns com os outros, bem como com o diretor-executivo da empresa e membros do conselho.

No ramo da moda, a Gucci lançou parcerias com empresas especializadas em gamificação, já que o mundo do metaverso, que replica a realidade por meio de dispositivos digitais, ganhou força como estratégia para maximizar a experiência com a marca.

Atualmente, há um aplicativo para quase tudo. Por causa disso, *timing* passou a ser fundamental, assim como atenção personalizada, rápida e respostas automáticas para momentos de ausência, trazendo segurança ao cliente e potencializando as oportunidades à distância.

Com o avanço da IA, dos resultados cada vez mais expressivos das vendas online, dos inúmeros desafios em outras esferas (climáticas, geopolíticas, sanitárias etc.), fica nítida a importância do relacionamento com o cliente especial para garantir resultados e neutralizar parte dos impactos dessa imprevisibilidade de cenário.

Por isso, nunca é demais reforçar a importância do olhar atento para um relacionamento mais próximo, também em momentos não comerciais, pautados na construção de um vínculo emocional que demonstre empatia, simplifique processos, personalize o atendimento, surpreenda e, sobretudo, encante o cliente.

O OLHAR DO GESTOR

"Somos obcecados pelos detalhes em tudo que fazemos e buscamos diariamente formas de encantar nossos clientes.

Nos mais de 400 hotéis que atendemos hoje, no Brasil e no exterior, não é diferente. Ainda que cada hotel tenha seu estilo, seja ele urbano ou praiano, todos querem oferecer algo extraordinário, e o cliente percebe isso.

Muitos buscam a nossa marca depois de viver a experiência da hospedagem com a Trousseau – cardápio de travesseiros, robes personalizados e com opções para as diferentes estações, lençóis que proporcionam um sono perfeito, a linha de amenities com nossas essências, toalhas que mais parecem abraços, tudo para o cliente se sentir em casa.

A arte de receber é mais do que um cuidado, é proporcionar momentos únicos em todos os detalhes."

LETICIA CAMPOS
Head de Marketing, E-commerce e Sales Corporate Trousseau

A INTELIGÊNCIA APLICADA À GESTÃO DO LUXO
CASE PORTOBELLO

Na MCF, temos orgulho de contar com clientes recorrentes ao longo de nossa trajetória. No caso da Portobello, maior empresa de revestimentos do Brasil, já tivemos a oportunidade no passado de contribuir para o desenvolvimento do manual proprietário de atendimento das lojas como ferramenta para treinamento das equipes tanto das franquias quanto das lojas próprias.

No último projeto desenvolvido para eles, fomos convidados para um trabalho 100% digital, cujo foco era o incremento de repertório das equipes de todas as lojas da Portobello Shop.

OBJETIVO

- Avançar na cultura do varejo (cliente no centro; melhorar o nível de serviço e agilidade; vivenciar a experiência Portobello).
- Desenvolver o "gosto por atender bem" (resolver problemas de forma rápida, eficaz e eficiente).
- Estruturar conceito/discurso derivado dos diferenciais da operação (marca, produto, serviço, agilidade e conexão com as pessoas) visando à melhor experiência do cliente.
- Desenhar uma trilha de capacitação e conhecimento que vá além da plataforma EAD, permeando todo o calendário já existente e explorando ao máximo as oportunidades para reforçar o tema.

SOLUÇÃO

Colocar toda a expertise e o conhecimento da MCF Consultoria na evolução da cultura de varejo dentro da Portobello Shop, por meio da construção de um programa de capacitação digital com Ferreirinha e convidados especiais, com duração inicial de cerca de sete meses, pautado em experiência, atendimento, serviço e cliente ao centro.

RESULTADOS

- O programa, realizado logo após a reabertura do mercado no pós-pandemia, teve uma adesão significativa das equipes. A cada encontro, aplicou-se um quiz de mensuração da retenção de conteúdo para, ao final, premiar alguns colaboradores.
- A cada edição, tivemos executivos de grande relevância no mercado, com destaque para Jader Almeida e Rachel Maia.
- A oportunidade do ciclo com consistência e encontros mensais gerou resultados expressivos para toda a rede no ano em questão.

PARTE 4
ATENDIMENTO & RELACIONAMENTO

COMPETÊNCIAS
& HABILIDADES
PARA MANTER-SE
RELEVANTE

> *"Você pode ficar desapontado se falhar, mas você está condenado se não tentar."*
>
> **BEVERLY SILLS**

Como vimos, o cenário atual impõe uma série de reflexões sobre nossos papéis na sociedade enquanto marcas e como profissionais de cada operação.

Por isso, buscamos dia após dia – e fazemos questão de reforçar neste livro – a atualização contínua, da reciclagem de conhecimento, da inquietação e do olhar transversal mercadológico. Nesse periscópio de desafios e oportunidades, no qual cruzamos informações sobre mercado, cliente e marca em cada projeto, alguns direcionadores são indiscutíveis:

1. **HABILIDADE DE ENGAJAR E SE RELACIONAR COM O OUTRO:** essa conexão deve acontecer de forma genuína, também em momentos não comerciais, com empatia e sem julgamento em toda a jornada do cliente.

2. **QUALIDADE ABSOLUTA:** a qualidade de produto, serviço e experiência tem de ser um atributo inegociável em qualquer ambiente comercial. Esse elemento deve ser tão bem resolvido a ponto de não precisar ser mais pauta nas discussões.

3. **OBSESSÃO PELOS DETALHES:** o profissional que trabalha na atividade do Luxo não pode ter o olhar viciado, pelo contrário: deve estar sempre atento às tendências e treinado para cobrir falhas, neutralizar desafios e descobrir oportunidades. Profissionais e marcas que atuam com o cliente com padrão de exigência elevado precisam se tornar obcecados pelos detalhes.

4. **_PRIMAZIA:_** o ambiente do ponto de venda (decoração, limpeza, comunicação), a vestimenta, a atitude, a confiança, a determinação, a persistência, a proatividade... tudo deve ser impecável.

5. **_INQUIETAÇÃO E CURIOSIDADE PELO CONHECIMENTO:_** estes fatores são formas de incrementar o repertório e a narrativa durante o contato com o consumidor. Se na sua base de clientes você perceber que há um número significativo de apreciadores de vinhos, procure aprofundar o seu conhecimento sobre o tema. Se houver um apaixonado por arte, decifre os principais artistas de interesse, as feiras internacionais mais frequentadas, visite exposições. Se o tema preferido for viagens, não pense que é preciso ter a mesma vivência, mas é sempre possível ter repertório, entender quais destinos são os mais procurados no momento, conversar com pessoas ou outros clientes que já foram para o lugar, anotar dicas, repassar sugestões de clientes com comportamento de consumo em comum. São inúmeras as possibilidades de conexão por meio de interesses comuns.

6. **_COMPROMETIMENTO COM OS ESTÍMULOS EMOCIONAIS:_** marcas e profissionais devem ser pautados pela linguagem afetiva e ter a habilidade de "falar com o coração", despertar sensações que encantem pelos estímulos emocionais. Atributos técnicos e funcionais conduzem a venda até um certo ponto, por isso, vale a pena investir nos atributos que remetam a sentimentos e emoções, apresentar produtos e serviços com "alma".

7. **_PERSONALIZAÇÃO/CUSTOMIZAÇÃO:_** essa qualidade deve ser pensada não somente em relação a produtos e serviços, mas no atendimento em si, na maneira de se relacionar, na curadoria do conteúdo compartilhado, no ritual a ser construído, na comunicação direcionada. O entendimento claro das expectativas e necessidades do cliente sempre causa boa recepção.

8. **_DEFESA DE PREÇOS COM SEGURANÇA:_** a percepção do valor agregado é fundamental em uma venda. Ao fazer a leitura correta de onde está o gatilho emocional do cliente na apresentação de seus atributos de diferenciação, lembre-se de que o cliente que "inferniza" a vida do consultor de vendas por uma redução de preço de seu produto pode ser o mesmo que opta por uma classe executiva por 400% a mais do que custa uma tarifa econômica. Por que ele conseguiu enxergar valor na passagem mais cara e não no seu produto ou serviço?

9. **IDENTIFICAR E DESENVOLVER OPORTUNIDADES:** a compreensão mais aprofundada do comportamento de consumo e do *lifestyle* do cliente deve ser alinhada com sua criatividade e a busca constante por ir além.

10. **INTELIGÊNCIA DE SEGMENTAÇÃO:** mesmo na ausência de parâmetros predefinidos pela operação, o consultor deve buscar protagonismo e reconhecer o cliente especial. Identificar onde é possível construir diferenciais no relacionamento é um ponto-chave para que o cliente escolha estar com você, que volte a procurá-lo.

11. **A ARTE DA ANTECIPAÇÃO:** nosso dia a dia profissional é composto de uma série de ferramentas, entre as quais relatórios, avaliações, feedbacks e cases compartilhados. De que forma estamos utilizando tais ferramentas para estar um passo à frente no atendimento do cliente especial? O diferencial competitivo é justamente antecipar-se às dúvidas, necessidades e questionamentos do cliente, demonstrar o quanto está atento e o quanto ele é importante para você.

O OLHAR DO GESTOR

"Para que possamos continuamente surpreender nossos hóspedes, é essencial cultivar na equipe uma cultura de criatividade e inovação. Estar sempre atentos aos detalhes e prontos para personalizar cada experiência é fundamental para superar expectativas. Seja no briefing diário com a equipe ou em uma simples conversa com um hóspede, podemos colher informações valiosas para transformar o atendimento em uma experiência extraordinária e memorável."

CARLOS LAVECCHIA
Gerente de Hospedagem Nannai

ATRIBUTOS DE DIFERENCIAÇÃO NO
ATENDIMENTO

> *"Nada pode parar alguém com a atitude ideal a conquistar sua meta; nada na Terra pode ajudar alguém sem comprometimento."*
> **THOMAS JEFFERSON**

São inúmeros os fatores que influenciam na percepção de um atendimento que realmente surpreenda as expectativas desse cliente com padrões de exigência tão elevados: entregar um serviço que vai além do produto a ser oferecido; transmitir conhecimento; pensar a longo prazo; cuidar do legado da operação em que atua; exercer o protagonismo diário para encantar e emocionar clientes.

As marcas de Luxo se relacionam constantemente com seus clientes. São operações pautadas por um fluxo mais limitado de consumidores em loja, mas o cuidado, a atenção, a proatividade e a assertividade no entendimento de suas necessidades são seus grandes diferenciais para fazerem serem lembradas, para se mostrarem disponíveis, para simplificar processos e tornar a vida de seus clientes mais prazerosa.

Aliás, fazem isso com primazia, sempre com um mix de contatos comerciais e de relacionamento. Criam laços duradouros e demonstram o quanto estão preocupadas com a satisfação da compra, com a percepção gerada no meio social do cliente e até mesmo com os fatos cotidianos compartilhados tão gentilmente pelos clientes durante o atendimento.

A Burberry, por exemplo, é um grande case no quesito. Por meio de um aplicativo interno na mão de cada colaborador, gerenciam-se prazos para recorrência do contato, em um processo denominado 2-2-2: um primeiro contato dois dias após a compra, para entender o quão satisfeito o cliente ficou; um novo contato duas semanas depois, para mapear a percepção gerada no meio social com o uso de suas peças e, finalmente, dois meses depois, um novo contato, agora com apelo comercial, para convidá-lo a conhecer um novo produto.

Conforme explica Gerard Jaufret, Country Director da Burberry Brasil, cada vendedor recebeu um iPhone, por meio do qual consegue acompanhar diariamente a evolução da sua base pessoal de clientes. "Esta grande mudança veio com a implementação de KPIs individuais: quantos clientes cada vendedor tem por segmento; quantos clientes seus voltaram este mês ou este ano [chamado de *retention rate*, ou taxa de retenção]; qual é a compra média dos clientes em unidades e valor [UPT e AVT]; quando o vendedor trocou mensagens pela última vez com cada cliente. Hoje o vendedor vai muito além do seu atendimento em loja, foi evoluindo como gerente do seu próprio negócio".

Em paralelo às ferramentas acima, a Burberry também implementou os clássicos NPS scoring (*net promoter score*) e *guest experience rating* (também chamado habitualmente de "*mystery shopping*").

Segundo o executivo, "[por meio dessas ferramentas] conseguimos avaliar a qualidade do nosso atendimento, indo além da simples transação e buscando a criação de uma conexão do cliente com o nosso time e a nossa marca".

Independentemente das ferramentas tecnológicas disponíveis, o mais importante é que cada profissional estabeleça o seu próprio processo quando a empresa não tiver algo estruturado.

Eis um ponto passível de avaliação: de que maneira você se mantém disciplinado em sua régua de relacionamento com seu cliente especial? Quantas vezes dialoga com ele sem o apelo de vendas? Como está utilizando as informações coletadas como gancho para um novo contato, de forma personalizada e mais próxima?

Em paralelo a esse processo, marcas de Luxo também exploram oportunidades continuamente. Estão atentas a todas as movimentações de comportamento de consumo de seu cliente, como calendário de viagens ou momentos de celebração, mas vão além: entram em contato até mesmo para demonstrar que estão por perto, sem necessariamente ter o foco na venda, o que acaba reverberando em resultados, mesmo que de forma não intencional.

A pandemia, mais uma vez, realçou essa necessidade. Muitas marcas, cuidadosas com o momento delicado pelo qual o mundo passava, entraram em contato com seus clientes especiais de forma ainda mais afetiva e calorosa. Presentearam, demonstraram a preocupação com a saúde da família, ofereceram um pouco de calor humano tão necessário em um momento de distanciamento. Como consequência, despontaram números expressivos em vendas e muitas marcas inclusive fecharam a meta de vendas de 2021 no segundo ou terceiro trimestre do ano.

Outra necessidade é a potencialização estratégica da experiência do cliente no ponto de venda. Com a aceleração dos canais digitais, das compras a distância e do atendimento via WhatsApp, o deslocamento do cliente até a operação precisa ser justificado. Por isso, o vendedor precisa realmente emocionar o cliente, demonstrar o quanto todos estão ali à sua espera. Por isso, vale a pena analisar: qual o seu ritual para construir a percepção de exclusividade para esse cliente que tomou a decisão de ir até você?

Como afirmamos anteriormente, as marcas de Luxo repassam seus roteiros de atendimento incessantemente. Elas trocam experiências e cases entre seus pares sobre erros e acertos, contorno de objeções e dicas do que há de mais atual no *lifestyle* do cliente. São implacáveis em se manter atualizadas sobre tudo que acontece na cidade, na região, nos destinos turísticos mais acessados e, principalmente, na coleta de dados transmitidos até de forma subliminar pelo cliente, sedento por se relacionar.

Nesse sentido, a Tiffany faz um trabalho brilhante. Seu atendimento em 2021 foi avaliado com um nível de satisfação de cerca de 96% em pesquisa espontânea conduzida após o atendimento de cada cliente. Esse resultado não vem por acaso: suas equipes são treinadas de forma consistente, abrangendo inclusive o diálogo digital, com parâmetros e indicadores para consultores que almejam construir um perfil comercial atrelado à identidade da marca.

A partir do treinamento conhecido internamente como "Tiffany Touch", seus colaboradores são incentivados a serem criadores de alegria, com a responsabilidade de levar o bastão do legado e da tradição da marca, além de estabelecer um quadro de confiança que vem da credibilidade somada à conexão pessoal alcançada com o cliente.

Outra forma de diferenciar o atendimento é o incremento de serviços a cada oportunidade. O cliente hoje demanda um nível de serviço complementar, que possa gerar ainda mais valor à sua experiência de compra. Trata-se do princípio de que o relacionamento com o cliente apenas se inicia com a transação comercial. A partir daí, poderão ser desenvolvidas inúmeras iniciativas para ativar o cliente especial, complementar sua compra com serviços diferenciados e ir além do produto.

Nesse sentido, é preciso destacar o trabalho impecável conduzido pela Trousseau. Além das inúmeras possibilidades de personalização de seus produtos, muitas vezes realizadas na própria loja imediatamente, a marca ainda coloca seus colaboradores à disposição para ir até a casa do cliente especial e treinar seus funcionários domésticos em aspectos como montar uma cama perfeita ou cuidar para que os produtos possam ter mais durabilidade.

Tudo isso é conduzido por exímios contadores de histórias, que transmitem conhecimento com profundidade e paixão, sempre com o cuidado e o tato necessários para entender a abertura do cliente para o relato, mas, acima de tudo, com o preparo adequado para gerar valor. Dessa forma, conseguem defender preços com segurança, ressaltando os diferenciais de cada produto e serviço e aumentando a desejabilidade da marca com quem trabalham.

O exercício que se estabelece aqui não é propor que todos se tornem uma Burberry, uma Tiffany ou uma Trousseau, mas o quanto podemos nos inspirar nessas operações para elevar os patamares de linguagem, produtos e serviços em nossa rotina diária profissional.

O OLHAR DO GESTOR

"Dentro da Trousseau, buscamos reforçar a força do coletivo, com todos os profissionais atuando de uma forma conjunta como time, de forma multidisciplinar, com foco no cliente, para apoio mútuo, sem uma cultura de competição acirrada entre eles que possa causar qualquer tipo de desarmonia.

A gestão de pessoas é um grande pilar dentro da empresa, e cada área tem uma preocupação genuína para manter sua equipe engajada aos valores e objetivos da marca.

Na minha visão, o olhar para o extraordinário é uma opção de vida. É a perspectiva de você olhar até para as coisas mais simples como algo extraordinário a ser vivido, como uma dádiva recebida. Cabe a cada um de nós tornar nossa vida extraordinária de acordo com todos os talentos que nós recebemos gratuitamente."

ROMEU TRUSSARDI
Fundador Trousseau

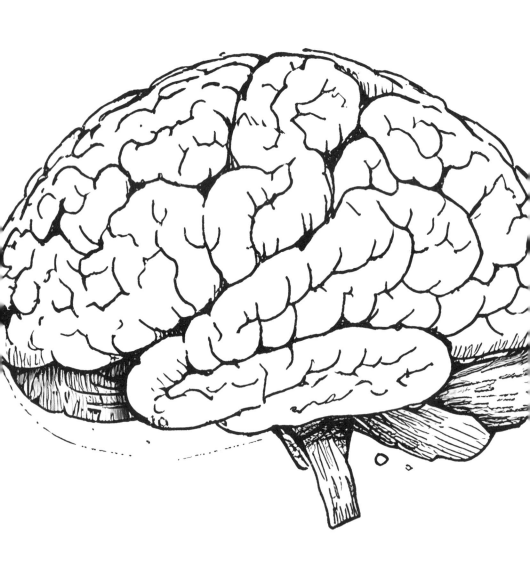

O QUE JÁ DEVERÍAMOS SABER

> *"Para ser insubstituível, deve-se sempre ser diferente."*
> **COCO CHANEL**

Dentro da Inteligência da Gestão do Luxo, alguns conceitos e práticas são essenciais para nos fazer sair do comum e caminhar em direção ao extraordinário:

1. **Exercitar o extraordinário exige ir além do óbvio.** Deve-se surpreender o cliente com algo inesperado, seja na comunicação, experiência em loja ou no suporte pós-venda. Desafiar-se a fazer diferente. Ter a devida autocrítica sobre cada atendimento, para aprimoramento contínuo.

2. **Trabalhar com o Luxo exige resiliência, visão a médio e longo prazo e o entendimento de que a venda nem sempre é imediata.** Faz-se necessário investir na construção de valor, na sequência de oportunidades com o cliente especial, para gerar melhores resultados.

3. **Atuar na atividade do Luxo não pressupõe vivência, mas demanda repertório.** É importante que o profissional tenha conhecimento de temas de grande relevância no ecossistema de interesses do cliente de alta renda para ter a habilidade de conversas com maior profundidade em assuntos que vão além do produto ou serviço oferecido, seja em relação a moda, arte, gastronomia, viagens, esporte, arquitetura e design. Como você enriquece seu repertório para se conectar melhor com o cliente?

4. **Tempo é um bem precioso.** O consultor de vendas tem um papel crucial de curadoria de conteúdo e geração de valor. No meio de tantos atributos e diferenciais construídos para gerar engajamento, o consultor precisar fazer o seu "filtro" e curadoria personalizada do que é mais relevante para aquele que está à sua frente no momento da venda, para incluir o intangível, como exclusividade, status e pertencimento, na sua abordagem de valor.

5. **Luxo é "supérfluo", vai além do necessário.** As compras de Luxo nunca serão totalmente racionais. Elas são necessariamente emocionais, frutos do desejo. Por isso, é necessário ouvir o cliente atentamente sobre suas necessidades, expectativas, desejos, ocasiões de uso e motivações antes de propor soluções. Cabe a cada profissional entender como gerar valor na oferta do produto de acordo com a escuta ativa das necessidades e sonhos de seu cliente.

6. **Na era do conhecimento na palma da mão, conhecer apenas do produto ou serviço não basta.** Profissionais que atuam com a alta renda são demandados cada vez mais além de suas competências técnicas para criar maior confiança e conexão pessoal com o cliente especial, potencializando resultados. Discrição é chave; o respeito à privacidade é elemento fundamental na geração de vínculo. Assegure que as interações sejam confidenciais e respeitosas.

7. **A excelência no atendimento permeia todos os pontos de contato com o cliente.** Uma cultura organizacional centrada no cliente é essencial para o sucesso da experiência. Necessitamos cada vez mais de profissionais multifuncionais, que extrapolem as barreiras "departamentais", entendam a importância da rapidez nas respostas para o cliente, além de trabalhar em times para simplificar processos e minimizar ruídos.

O OLHAR DO GESTOR

"Como responsável pela região Latam na Ferragamo, considero estratégico formarmos e retermos os talentos em nossas equipes. A nossa prioridade número um é identificar os destaques e desenvolve-los para que tenham oportunidades de crescimento dentro da empresa. Todas as vagas são postadas primeiro internamente e, se não preenchidas, são abertas aos candidatos externos.

Na Ferragamo, coordenadores tornam-se gerentes, gerentes tornam-se diretores. Nas lojas, o mesmo acontece. Temos vários casos de estoquistas ou administrativos que receberam treinamento para assumirem por merecimento posições de Client Advisors. Temos casos de colaboradores das boutiques que se candidataram e foram escolhidos para assumirem posições administrativas no head-office. Outro exemplo que me enche de orgulho é o caso de dois store managers brasileiros que aplicaram para vagas em boutiques Ferragamo nos Estados Unidos, foram aprovados e levaram a nossa ginga para encantar os clientes da marca em outros mercados."

RODRIGO MASCARETTI
LATAM Managing Director Ferragamo

A TRÍADE PERFEITA PARA POTENCIALIZAR A
EXPERIÊNCIA DO CLIENTE

"A lealdade do cliente não é comprada, é conquistada."
JEFFREY GITOMER

São três os pilares estruturais que compõem a base para potencializar a experiência do cliente:

1. **DADOS APROFUNDADOS E QUALITATIVOS** do *lifestyle* e do comportamento de consumo do cliente (preferencialmente de forma sistêmica).
2. **PROCESSOS CLAROS E BEM DEFINIDOS** que favoreçam o entendimento da jornada completa e das oportunidades de pontos de contatos para o engajamento adequado com o cliente.
3. **PROFISSIONAIS APAIXONADOS** pela marca, pela operação, pelo atendimento ao público, pela oportunidade de se relacionar diariamente com pessoas, por exercitar a criatividade no seu dia a dia.

Não basta ter uma base de dados superficial, com uma "fotografia fria" desse cliente, ou seja, apenas detalhes de compra e contato, além de sua data de aniversário. É preciso garantir o registro de informações sobre sua comida favorita, último destino de viagem, o nome do pet, o último evento de arte, cultura ou música que ele esteve presente, se prefere chá ou café...

Outro ponto importante é registrar cada feedback recebido e as percepções geradas em cada ativação com o cliente especial. Dessa forma, os dados coletados e registrados darão uma visão mais ampla do que foi destaque na experiência do cliente e poderão auxiliar com novas oportunidades de encantar e surpreender.

Criar consistência e abastecer esse banco de dados é sempre um desafio. Deve-se estabelecer métricas de reconhecimento para profissionais mais engajados e políticas de bonificação que sejam atreladas às avaliações recebidas e à base de dados qualitativa construída.

Mas o sucesso de uma estrutura organizacional pautada no cliente e nas oportunidades de alavancagem da sua experiência com a marca, o produto ou o serviço inicia-se no recrutamento e na seleção. Nesse ponto, a paixão deve ser uma competência profissional: a identificação precisa daqueles apaixonados pelo universo do relacionamento com o cliente, que tenham forte admiração pela marca ou operação em que estão atuando e sejam obcecados por detalhes.

A partir daí, é repetição, repetição, repetição. Aprender com os erros, inspirar-se com os cases de sucesso, dar "palco" para os destaques e difundir a cultura de forma integrada com toda a equipe.

O OLHAR DO GESTOR

"Desenvolver um relacionamento com clientes, extrapolando a interação transacional é o ideal para o estabelecimento da lealdade ao profissional e à marca. Muitas vezes, uma boa dose de criatividade e sensibilidade é o suficiente para solidificar esta relação. Um dos melhores exemplos, quase a custo zero, que testemunhei foi de uma profissional de vendas que fez uma apanhado de imagens felizes que sua cliente tinha publicado nas redes sociais durante o ano. Ela imprimiu estas imagens e montou um álbum de fotos para presentear a cliente na época de festas... O impacto foi espetacular e a percepção da cliente foi de ter sido acompanhada e lembrada pela profissional e pela marca. Quando acreditamos que todas as ações que serão valorizadas pelos clientes devem envolver investimento monetário, esquecemos do que o essencial é investir na emoção."

GERALDO CARRARA
Consultor, especialista em clienteling MCF e ex-Head de Treinamento Tiffany & Co.

A MATEMÁTICA
**DA GESTÃO
DO LUXO**

> *"É impossível progredir sem mudança, e aqueles que não mudam suas mentes não podem mudar nada."*
> **GEORGE BERNARD SHAW**

Ao lidar com consultoria para empresas, é comum que nos deparemos com departamentos 100% focados no objetivo de encantar o cliente, porém, ainda são poucos os que conseguem implementar processos claros, sair do óbvio e trabalhar com consistência.

A experiência do cliente deve ser conduzida com aprimoramento contínuo dentro das operações. O desafio é alinhar estrategicamente toda a jornada para garantir resultados longevos, sair das ações pontuais intuitivas e ir em busca de maior protagonismo. O objetivo é difundir de maneira integrada toda uma cultura de longo prazo que, especialmente sob o viés da alta renda, garanta maior sucesso nos resultados e na recorrência de compra.

Há sempre desafios internos ao implementar mudanças e novos processos. Alguns profissionais bem-sucedidos comercialmente podem ser extremamente resistentes à necessidade de mudança e adaptação diante das particularidades do tempo presente.

O que defendemos, sempre, é que o sucesso contemporâneo não garante resultados futuros. O papel da liderança, nesse sentido, é fundamental para inspirar aqueles que são destaques e estabelecer critérios claros para a equipe toda, com o objetivo de neutralizar os mais resistentes e, consequentemente, ser mais bem-sucedido nas mudanças que a operação propõe.

Em nossas consultorias, mapeamos de forma consistente o comportamento de consumo pela visão 360º do cliente, além do ramo de atuação, para trazer insights e promover reflexões sobre como dar um passo além no relacionamento com o cliente especial.

Nesse processo de mapeamento, fomos desenvolvendo ferramentas que podem servir como direcionadores para iluminar pontos críticos que fazem toda a diferença no dia a dia de cada marca ou operação.

Para alinhar essas ferramentas, costumamos dizer que existe a "matemática da Gestão do Luxo", ou seja, algumas metodologias que podemos enumerar e implementar se quisermos aprimorar cada vez mais o relacionamento com o cliente, conforme demonstramos a seguir.

A REGRA DOS TRÊS

A técnica de vendas muito difundida no mercado de oferta de produtos, conhecida como "trio de ofertas", ou "regra dos três", é uma estratégia também bastante eficaz na atividade do Luxo, especialmente numa abordagem com foco na psicologia da escolha, para facilitar a decisão do cliente e aumentar as chances de venda.

Clientes que têm pouco conhecimento sobre a estratégia de precificação de uma marca muitas vezes precisam de exemplos para ter uma referência de valor e, a partir daí, entender as diferenciações. Com três ofertas, ele consegue ter uma ideia clara sem tantas opções que possam gerar mais dúvidas no seu processo de escolha.

Há uma tendência pela escolha do produto intermediário no caso de um cliente que tenha menor fluência no universo da marca, na operação ou até mesmo no diálogo com o consultor. Mas, dependendo do poder de argumentação do consultor de venda, há sempre aquele também em busca do que há de mais exclusivo na marca já no primeiro contato.

No caso de uma joalheria, por exemplo, uma oferta dentro da regra dos três poderia ser composta por um produto de "entrada" em prata, ou com pedras preciosas menores. A intermediária poderia contar com pedras de tamanho médio e design mais elaborado e a mais exclusiva poderia ter pedras maiores e raras, talvez com coleções assinadas em edições limitadas.

O mesmo pode ser aplicado em uma clínica estética. O orçamento pode apresentar três opções pautadas nos pacotes essencial, ideal ou premium. As diferenciações dos pacotes podem ser realizadas por diferentes profissionais dentro da clínica, contar com serviços extras, de diferentes valores, ou até utilizar produtos mais exclusivos em seus protocolos.

É uma técnica que permite a personalização da oferta ao cliente, demonstra o olhar atento às soluções apresentadas de acordo com o perfil, simplifica o processo de escolha excessivas, possibilita o aumento do ticket médio e maximiza as oportunidades de venda ao consultor.

OS QUATRO "E" DO LUXO

Dentro das metodologias utilizadas em projetos de consultoria, trazemos aqui uma adaptação no viés comportamental. Nossa sugestão é utilizar esses quatro pilares como uma *checklist* mental que poderá servir como balizador de ativações, comunicações, eventos e diálogos com o cliente com padrões de exigência e expectativas elevadas.

Entre essas metodologias, existe uma que chamamos de "os quatro 'E' do Luxo": emoção, exclusividade, engajamento e experiências. São pilares estruturais de marcas de Luxo e Premium que servem como balizadores na inteligência estratégica do atendimento e relacionamento com o cliente especial.

- **EMOÇÃO:** o Luxo acontece quando a emoção ultrapassa a razão. É preciso emocionar nossos clientes, conduzir um diálogo mais afetivo, entender os gatilhos emocionais de cada um e trabalhar estrategicamente para promover um ambiente que desperte sensações positivas.

- **EXCLUSIVIDADE:** mais do que oferecer um produto ou serviço único, este pilar se refere a gerar uma percepção de exclusividade no diálogo com o cliente especial – na comunicação direcionada, na régua de relacionamento, na curadoria de produtos, no conhecimento transmitido, na experiência como um todo.

- **ENGAJAMENTO:** conectar-se; ouvir em vez de escutar; "ler" o gestual. O consultor deve proporcionar iniciativas que incentivem a interação constante e tragam o cliente para perto.

- **EXPERIÊNCIA:** a urgência do relacionamento na experiência deve contemplar todos os demais "E" mencionados, resultar em momentos memoráveis, impactar de forma positiva e despertar o desejo de que o atendimento seja disseminado no círculo social do cliente, como chancela do estado da arte da excelência.

Por meio desses direcionadores, é possível construir o embasamento necessário para estreitar o relacionamento e potencializar as oportunidades em cada marca, operação ou profissional que atue com o cliente com padrões de exigência elevados.

AS SETE LEIS DAS MARCAS DE LUXO

A próxima metodologia proprietária que oferecemos para nortear o desenvolvimento do olhar mais apurado no dia a dia profissional com o cliente especial é o que, em nossa visão e expertise, chamamos de "as sete leis das marcas de Luxo".

Essa ferramenta é amplamente utilizada em nossos projetos de consultoria para direcionar possibilidades de oxigenação das marcas e operações. Aqui, fizemos uma adaptação que engloba comportamento e postura, para aprimoramento contínuo de todo e qualquer profissional.

1. **SAIBA EXATAMENTE O QUE TE FAZ SER ESPECIAL:** quais os seus atributos de diferenciação enquanto profissional? A sua habilidade de se conectar aos gatilhos emocionais de seus clientes, de estar sempre um passo à frente do que se espera de sua atuação? Seu repertório amplo do *lifestyle* da sua base de clientes?

2. **NÃO IMPORTA O QUE FAÇA, SEJA DIFERENCIADO:** seja na elaboração do texto do cartão de agradecimento, na busca de informações detalhadas sobre o próximo destino de viagem de seu cliente ou no envio de ingressos de cinema daquele filme que ele comentou que estava muito interessado em assistir, procure sempre a diferenciação.

3. **CRIE UMA IDENTIDADE:** "tatue" na memória do cliente um atendimento espetacular. Seja no tom de voz, no sorriso, na envelopagem da comunicação, nos rituais de acolhimento, cause uma boa impressão e deixe sua marca.

4. **SEMPRE LIDERE, JAMAIS SIGA:** aqui não fazemos referência à liderança de equipe, mas à não conformidade. Seja protagonista da sua vida profissional. Não aguarde somente pela educação corporativa oferecida pela empresa e, caso ela exista, complemente com outros temas que potencializem as suas oportunidades de estreitar o relacionamento com seu cliente.

5. **CRIE EXPERIÊNCIAS:** para criar experiências genuínas, é necessário mergulhar em análise de dados, criatividade, processos claros, timing adequado e, por vezes, aprovação prévia. Antecipe-se. Aproveite cada oportunidade de entregar o extraordinário.

6. **ENCHA A BOLA DA MARCA (INFLATE THE BRAND HALO):** mais do que apresentar apenas o produto ou o serviço, certifique-se de que você está ressaltando a marca por trás deles. Receber um Cartier (e não apenas um anel) de presente ficará na memória para sempre.
7. **DIVIRTA-SE:** trabalhar com o Luxo envolve a realização de sonhos. Participar dessa construção, ser responsável por encantar e surpreender é um processo trabalhoso, mas muito prazeroso. Por isso, divirta-se: mantenha o sorriso no rosto e a leveza no olhar.

O OLHAR DO GESTOR

"Na contratação de profissionais para área comercial da Teresa Perez, nós buscamos sobretudo o alinhamento com nossos valores e princípios, sempre focados na excelência do atendimento, na cultura do 'servir' e encantar o cliente. Isso é inegociável em qualquer contratação.

Valorizamos a diversidade de pensamentos e características de perfis que tragam contribuições para estarmos sempre à frente. Também buscamos alinhar o perfil do colaborador às características do cliente que será atendido, para facilitar a comunicação, o entendimento da necessidade e reverter isso em vendas.

Temos perfis de profissionais mais detalhistas focados em clientes que necessitam se sentir seguros e entender no detalhe o planejamento de sua viagem. Os profissionais com esse perfil trazem maior agilidade e conseguem atender um maior volume de clientes, que querem ter as necessidades atendidas no prazo e com qualidade."

TOMÁS PEREZ
CEP TP Group

OPORTUNIDADE PARA
SEGMENTAÇÃO AUTORAL

> *"Se não puder correr, ande. Se não puder andar, rasteje. Mas continue em frente de qualquer jeito."*
> **MARTIN LUTHER KING**

*I*númeras dúvidas permeiam a necessidade de segmentar e oferecer diferentes níveis de interação e relacionamento com a base de clientes de cada operação.

Constantemente somos questionados sobre os possíveis "ruídos" que a segmentação pode trazer, e o que fazer para neutralizá-los. Uma das principais ressalvas é: "Meus clientes são todos especiais; se descobrirem que faço algo de diferente para uma determinada *fatia*, posso perdê-los".

Nesse ponto, uma coisa precisa ficar clara: a estratégia de segmentação é recorrente em diferentes momentos do consumo do cliente. Ele é segmentado no cartão de crédito, na categoria de conta-corrente, no plano de saúde, na experiência aérea, nos espetáculos... Por que haveria de ser diferente na sua empresa?

Uma das operações que deixa isso mais claro é a aviação comercial. Um cliente que paga uma passagem de classe econômica entende perfeitamente que terá direito a um nível de conforto e experiência muito reduzido em relação àquele que paga um ticket de classe executiva ou primeira classe. Qatar Airways e Singapore Airlines constantemente aparecem nas listas das cinco companhias aéreas de maior destaque global e deixam perfeitamente claro qual o nível de diferenciação de cada categoria que comercializam.

Algo que soma a favor dessas empresas em sua estratégia de segmentação é a clareza da limitação de espaço. Ao adentrar uma aeronave, o cliente consegue ter uma ideia dos assentos disponíveis para as categorias mais exclusivas, da densidade de passageiros entre um setor e o outro, e inclusive entende que há um preço a se pagar para uma experiência em nível mais elevado. No entanto, independentemente da tarifa escolhida, há um processo claro e determinado de pacote de serviços oferecidos para todas as categorias. Aqui está o fator neutralizador de qualquer ruído.

É fundamental que fiquem claros os critérios de diferenciação, criar processos que estimulem níveis de experiência de acordo com a representatividade do cliente dentro da operação, dentro de sua carteira de clientes. Estabelecer níveis, mesmo quando não estruturados pelas próprias operações, para exercitar um pacote de serviços que potencialize o relacionamento e o engajamento do cliente especial.

Muitas marcas e operações já apresentam seus próprios exercícios de segmentação de clientes. As marcas de Luxo globais têm critérios rígidos e claros, inclusive pautados na compra de categorias de produtos, que vão além do valor monetário. Reconhecem e valorizam aquele cliente que orbita pelo ecossistema completo da operação.

Independentemente de sua operação ter ou não uma segmentação estruturada, há sempre espaço para se trabalhar a segmentação autoral. Esse exercício costuma ser extremamente eficaz quando trabalhamos uma base de clientes mais ampla.

Exercitar uma régua de relacionamento com um número de mil, dois mil clientes na carteira, por exemplo, traz enormes desafios, mas há sempre espaço para iniciar o processo com uma base menor, aprender com a dinâmica estruturada e, a partir daí, expandir o número de clientes contemplados na régua inicial para aumentar esse número.

Na ausência de critérios claros para a operação, recomendamos utilizar a matriz RFM, estratégia amplamente reconhecida pelo marketing para avaliar o valor do cliente na operação, em especial no varejo, mas que pode ser utilizada como base para outros ramos de atuação.

Dentro da matriz RFM, o R significa "recência", ou seja, há quanto tempo o cliente realizou a última compra. É importante entender a janela de tempo que faz sentido dentro da sua operação para poder analisá-la de acordo com a natureza do produto ou serviço: seis meses, um ano, dois anos?

O F refere-se à "frequência de compra", a partir do referencial de recência selecionado. Dentro do período de um ano, quantas vezes o cliente comprou com a marca? Aquele que opta por comprar mais vezes, mesmo com um ticket médio menor, tem potencial de crescer seu valor dentro da sua base de clientes.

Um cliente que comprou uma única vez, mesmo que seja um valor expressivo, é relevante, mas pode ter um potencial menor de engajamento para crescer em faturamento na sua base.

A última letra da matriz é M, que representa "valor monetário". Sem dúvidas, um referencial muito importante na segmentação de seus clientes especiais, mas que não pode ser considerado de forma isolada para uma estratégia mais assertiva.

Sugerimos, ainda, a adição de mais uma variável nessa estratégia de segmentação. Caso sua operação trabalhe com serviços ou produtos de diferentes categorias, considere também contemplar uma nuance que reconheça aquele cliente que orbita nos diferentes segmentos/áreas, valorizando quem compra uma gama mais ampla de produtos.

Confira, abaixo, exemplos da metodologia sugerida:

RECÊNCIA

A	NOS ÚLTIMOS 12 MESES
B	NOS ÚLTIMOS 12 A 24 MESES
C	ACIMA DE 24 MESES

FREQUÊNCIA

A	> 5 PRODUTOS/SERVIÇOS
B	ENTRE 3 E 5 PRODUTOS/SERVIÇOS
C	< 3 PRODUTOS/SERVIÇOS

VALOR MONETÁRIO

A	> R$ 30.000,00
B	DE R$ 15.000,00 A R$ 29.999,00
C	ATÉ R$ 15.000,00

SEGMENTOS / CATEGORIAS

A	> 3 CATEGORIAS/ÁREAS
B	DE 2 A 3 CATEGORIAS/ÁREAS
C	1 CATEGORIA/ÁREA

GRUPO	OBJETIVO	CARACTERÍSTICA
TIER 1	ABAB EM UMA CLÍNICA DERMATOLÓGICA, JULIA INVESTIU R$40.000,00 EM 4 PROCEDIMENTOS DE 2 ÁREAS DIFERENTES	CLIENTES QUE NOS ÚLTIMOS 12 MESES **INVESTIRAM MAIS DE R$ 30.000,00 EM UM OU MAIS PRODUTOS/SERVIÇOS DE UMA OU MAIS CATEGORIAS/ÁREAS**
TIER 2	ACBC EM UMA JOALHERIA, HENRIQUE INVESTIU R$20.000,00 EM 2 PRODUTOS DE APENAS UMA CATEGORIA	CLIENTES QUE **INVESTIRAM ENTRE R$ 15.000,00 E R$29.999,00 EM PRODUTOS/ SERVIÇOS DE UMA OU MAIS CATEGORIAS/ ÁREAS** NOS ÚLTIMOS 12 MESES
TIER 3	AACA EM UMA LOJA DE MÓVEIS, MARIA INVESTIU R$13.500,00 EM 5 PRODUTOS DE 3 CATEGORIAS DISTINTAS	CLIENTES QUE **INVESTIRAM ATÉ R$ 15.000,00 EM UM OU MAIS PRODUTOS/ SERVIÇOS DE UMA OU MAIS CATEGORIAS/ ÁREAS**, NOS ÚLTIMOS MESES

GRUPO	OBJETIVO	ESTRATÉGIA
TIER 1 *EXPERIÊNCIA*	**RELACIONAMENTO EMOCIONAL** APROFUNDAR O VÍNCULO COM O CLIENTE PARA TOMÁ-LO UM EMBAIXADOR	MIMAR ESSE CLIENTE POR **EXPERIÊNCIAS** INDUZIDAS QUE VÃO ALÉM DO PRODUTO E QUE INCLUEM UM ALTO GRAU DE **PERSONALIZAÇÃO E EXCLUSIVIDADE**.
TIER 2 *RECONHECIMENTO*	**RELACIONAMENTO CONTÍNUO** RETER O CLIENTE E PROMOVER SEU RELACIONAMENTO ATUAL	DEMONSTRAR **APREÇO E RECONHECIMENTO** PELO **POTENCIAL DE ENGAJAMENTO** DESSE CLIENTE, FAZER COM QUE SE SINTA ESPECIAL.
TIER 3 *BENEFÍCIOS*	**AUMENTAR SHARE OF WALLET** ESTIMULAR O CLIENTE A AUMENTAR OS GASTOS NA CLÍNICA	ESTIMULAR ESSE CLIENTE POR MEIO DE **AÇÕES PONTUAIS DE RECONHECIMENTO**, DEMONSTRANDO QUE A MARCA O VALORIZA.

O número exato de clientes especiais que possam ser contemplados numa régua de relacionamento varia de operação para operação. Normalmente, sugerimos que, a partir da estratégia RFM, seja mapeado o percentual da base no qual a curva começa a cair drasticamente.

A partir da base selecionada, temos uma série de análises que poderão ser feitas, inclusive estratégias para retomar contatos com compradores inativos. No entanto, o que propomos aqui é estabelecer uma régua com aqueles clientes especiais, que representam um potencial de resultado significativo em sua carteira.

Estabeleça três níveis de categorias e um número inicial de contemplados, mesmo que reduzido no primeiro momento. Podemos começar com cinco clientes VICs (*very important clients* – clientes muito importantes, em tradução literal); dez clientes como *upscale clients* (clientes acima da média) e 15 *special clients* (clientes especiais).

O mais importante é iniciar o exercício para obter mais profundidade de relacionamento com sua base, buscar possibilidades de orçamento dentro da operação para possíveis ativações e, caso não seja possível, considerar um investimento próprio para ações que às vezes têm mais a ver com leitura apropriada e criatividade do que com o investimento financeiro.

Para cada uma das categorias, procure criar um "pacote" de diferenciações baseada nos seguintes pilares:

- **BASE (SPECIAL CLIENTS):** pautada em benefícios como condições especiais, parcelamentos mais amplos, lançamentos antecipados.
- **NÍVEL INTERMEDIÁRIO (UPSCALE CLIENTS):** pautado em ações de reconhecimento como cartões manuscritos de agradecimento, flores, mimos, convites para almoçar.
- **TOPO DA "PIRÂMIDE" (VICS – VERY IMPORTANT CLIENTS):** pautado em exclusividade personalizada, sair do óbvio, exercitar o que toca o coração como ingresso mais exclusivo de uma peça para o filho do cliente, hospedagem em hotel-fazenda para o pet, acesso a evento de desejo do cliente, reserva de um jantar em restaurante com estrela Michelin.

Deve-se exercitar a Era do Relacionamento, o cultivo das relações pelas conexões pessoais, ir além do comercial, estreitar vínculo. O diferencial, sem dúvidas, está no *plus*, em ir além.

O OLHAR DO GESTOR

"O investimento na reciclagem de conhecimento dos profissionais que trabalham conosco tem que acontecer desde a avaliação de competências individuais até as discussões de plano de carreira. Assim, a reciclagem de conhecimento é muito mais certeira.

Na LVMH, ela pode tanto acontecer na prática, por meio de projetos multidisciplinares, com *job rotation*, mentorias internas, programa de desenvolvimento de talentos, como também através de cursos on-line em várias plataformas da empresa e em cursos presenciais nacionais e internacionais. Mas, acima dos investimentos da companhia, o que mais impulsiona é a força de vontade do profissional de entender suas oportunidades de aprendizado e querer se manter sempre atualizado e em evolução."

DANIELA OTA
Country General Manager LVMH Parfums & Cosmetiques Brazil

OS FUNDAMENTOS ESTÃO
PRESERVADOS?

> *"A coisa mais difícil é a decisão de agir, o resto é apenas tenacidade."*
>
> **AMELIA EARHART**

A pós o panorama de direcionadores e ferramentas que devem compor a estratégia de inteligência para elevar patamares de produtos, serviços e linguagem de atendimento e relacionamento, devemos seguir adiante.

Os mandamentos das conexões emocionais, elaborados por nós, têm por objetivo fazer uma releitura contemporânea do que anteriormente era amplamente conhecido como "passos da venda".

Ao longo dos anos, esse modelo começou a ser visto como uma forma de "engessar" o atendimento, apresentando falhas. Por isso, temos adotado um diálogo mais fluido, em que somos o protagonista, por mais que o consultor de atendimento atue como o principal facilitador.

As equipes de vendas compostas por gerações mais maduras vieram de uma era na qual eram os únicos detentores das particularidades dos produtos e serviços. As informações disponíveis eram limitadas. No entanto, já vimos que isso mudou, e que às vezes o cliente entra na loja conhecendo até mais que o próprio profissional. Como se manter relevante diante desses novos tempos?

Sob essa perspectiva, elaboramos alguns mandamentos de conexões emocionais que deverão servir como guia na rotina diária de cada profissional que atua diretamente com o cliente com padrões de exigência elevados. Não se trata de um passo a passo, mas sim de um conjunto de direcionadores que devem compor o atendimento e o relacionamento a ser oferecido pelo profissional dos novos tempos.

1. **CADA COLABORADOR É A PRÓPRIA MARCA QUE REPRESENTA**

   Algumas marcas até hoje carregam um estigma de arrogância em razão de parte de seus colaboradores se considerarem "maiores" que a própria marca onde atuavam. Se em algum momento do passado isso era admitido (mesmo que de forma camuflada), definitivamente não é mais. Especialmente no Brasil, a alta renda brasileira não é óbvia, pelo contrário: é totalmente multifacetada. As marcas de Luxo já têm feito um trabalho consistente nesse sentido, mas ainda há espaço para aprimoramento. Lembre-se sempre de evitar qualquer tipo de preconceito e julgamento com diferentes perfis de cliente com que você tenha a oportunidade de troca.

2. **GARANTIR O DEVIDO PREPARO**

   Se sabemos que vai chover, saímos de casa com um guarda-chuva. Se em nossa região o tempo costuma mudar drasticamente, levamos conosco um agasalho. Se optamos por uma viagem de carro, fazemos as devidas revisões, alinhamentos e abastecemos o veículo. Por que seria diferente quando nos preparamos para nosso dia a dia profissional? Antes de mais nada, precisamos nos manter inquietos e atualizados, estar atentos sobre o que a marca ou operação em que atuamos está comunicando nas campanhas das redes sociais, no disparo dos e-mails marketing, conhecer um pouco de tudo. Compreender o *lifestyle* da minha base de clientes e conhecer a fundo o *storytelling* elaborado do meu portfólio de produtos, todos os seus atributos técnicos e funcionalidades, além de cuidar da aparência, do ambiente da loja física, do *visual merchandising*. Independentemente da sua função dentro da operação, é importante que seu olhar contribua para que a experiência do cliente seja impecável em todos os pontos de contato.

3. **FALAR MENOS E OUVIR MAIS**

   Na rotina profissional, é normal que às vezes entremos em modo automático sem nos darmos conta. O cliente mal entra pela porta e já assumimos o que ele busca sem antes ouvi-lo com o devido cuidado e atenção. É muito comum que o consultor aborde o cliente constantemente, como se já pudesse adivinhar o que ele tem em mente; devemos quebrar esse paradigma de uma vez por todas. Mesmo que o cliente aponte um eventual produto ou serviço que tenha lhe interessado à primeira vista, cabe ao consultor validar sua opção com perguntas apropriadas e direcionadas, que irão inclusive trazer mais segurança na escolha a ser feita. Aproveite o momento para incrementar a narrativa, respeitando o tempo do cliente, mas valorizando a condução para oferecer a ele a melhor solução disponível.

4. **RESPEITAR O TEMPO DE CADA UM**

   Tempo, talvez o bem mais precioso da nova era, que parece passar mais rapidamente a cada ano. Olhamos para o calendário e não acreditamos que já é quase Natal novamente. A popularização das redes sociais e da tecnologia tornou tudo ainda mais veloz e, com isso, nossa paciência para o timing adequado reduziu de forma drástica. Já comentamos anteriormente sobre a era do clique e suas consequências para o consumo. Dentro destes mandamentos, o mais importante é entender que o tempo do nosso cliente pode ser distinto a cada contato, a cada visita, por isso, é preciso fazer a leitura adequada de cada momento, para não gerar insatisfação. Todos nós somos clientes e consumidores em algum momento. Às vezes nos deparamos com atendimentos que se prolongam em pontos ou temas inadequados, e nossa vontade é encerrar imediatamente. Isso acontece porque do outro lado não houve o cuidado de garantir o alinhamento do tempo disponível para aquela troca. Sejamos sempre muito cuidadosos nesse ponto. Na dúvida, pergunte!

5. **FAZER DA INTERAÇÃO UM MOMENTO DE RELACIONAMENTO POSITIVO**

   Vivemos momentos delicados: as dores urbanas despertam estresse, angústias, medos, tristezas, dentre outros inúmeros problemas. Aquele momento do cliente com você deveria ser um oásis no meio de eventuais turbulências cotidianas, para ambos os lados. Todos nós temos nossas questões pessoais, mas trabalhar com o público demanda irradiar alegria, positividade e segurança. Esteja presente, completo, alegre e otimista. No final do dia, aquela troca especial com o cliente pode inclusive fazer você se sentir melhor com si mesmo, apesar dos problemas que todos enfrentamos.

6. **COMPREENDER O LADO EMOCIONAL DO CLIENTE**

   Falamos de forma quase exaustiva sobre a importância das emoções no diálogo com o cliente com padrões de exigência elevados. Fazer a leitura adequada do seu lado emocional torna-se, então, fundamental para gerar uma conexão pessoal que, somada à credibilidade do profissional e da marca, irá resultar na confiança necessária para potencializar resultados. Podemos encontrar um mesmo cliente diversas vezes e ele apresentar diferentes emoções a cada encontro. Importante não assumir que ele é sempre o mesmo, que está sempre disponível para uma conversa mais informal, que ele esteja sempre com tempo para a troca. Permita que ele dê o tom do atendimento que deseja naquele momento específico.

7. PARAFRASEAR AS INFORMAÇÕES REPASSADAS

O conceito de parafrasear se refere a expor detalhadamente com palavras distintas uma mesma ideia. Nesse sentido, um profissional de atendimento deveria utilizar dessa técnica para validar as informações recebidas, esclarecer eventuais dúvidas e até mesmo demonstrar o quão atento estava na escuta ativa do que lhe foi repassado. É muito comum ocorrerem falhas na comunicação, em que o cliente acredita ter sido totalmente claro mas no entendimento do consultor ainda restaram dúvidas, ou vice-versa. Importante estar atento ao gestual do cliente, à sua reação. Se achar que não compreendeu o que ele necessita, pergunte. E, sempre que possível, reforce o que foi trazido para eliminar qualquer equívoco no entendimento.

8. CONHECER O SEU CLIENTE AO MÁXIMO

Cada oportunidade com o cliente que entra em contato deve ser aproveitada ao máximo. Para desenvolver habilidades de se relacionar e engajar com o outro, é preciso conhecê-lo com profundidade, decifrar detalhes – seus desejos, suas paixões, suas motivações, sua rotina, os atributos individuais que possam despertar valor. Cada informação repassada precisa ser anotada e utilizada no momento oportuno. Como já falamos, isso inclui o nome do pet, a data especial da celebração compartilhada, a idade dos filhos. Ir muito além da função ou ocasião específica compartilhada. Aprofundar-se no momento de vida do cliente, ouvir suas histórias. Muitas vezes, do outro lado, o que mais esperamos é ter alguém que possa realmente nos ouvir com sinceridade. Permita-se conhecê-lo de verdade; somente assim conseguimos descobrir as prioridades do cliente e nos antecipar às suas reais necessidades.

9. RESPEITAR A DIVERSIDADE EM TODAS SUAS VERTENTES

Por mais que o tema esteja evoluindo de forma consistente ao longo dos anos, ainda é preciso ressaltar sua importância na percepção gerada no atendimento. Trabalhar com o público é se deparar com diferenças de perfis, personalidades, gostos, orientações sexuais, crenças religiosas, posicionamentos políticos, dentre inúmeros outros aspectos. O respeito à diversidade deve ir muito além da luta pelo racismo, ponto primordial quando este assunto é abordado e que, em um mundo ideal, sequer existiria. Deve-se compreender a fundo a beleza da diversidade: cada um é um pouco diferente do outro, e é isso que nos faz tão especiais.

10. TRANSFORMAR O NEGATIVO EM POSITIVO

Erros, imprevistos e infortúnios acontecem. Devemos sempre estar atentos para aprender com eles e nos antecipar à solução antes de nos depararmos com uma reação negativa. No entanto, durante esse processo de mapeamento e aprendizado, iremos enfrentar situações conflituosas. Cada um desses momentos pode ser uma ótima oportunidade para estreitar o relacionamento com o cliente especial. O que ele mais almeja é ser compreendido e entender que do outro lado há alguém que fará de tudo para minimizar seu incômodo. Dê acolhimento, se mostre disponível, apresente todos os caminhos que irá buscar, demonstre o quanto está comprometido com a questão. Quando possível, ofereça algo que possa neutralizar sua insatisfação – um mimo especial, um convite exclusivo, uma entrega imediata. Sua atitude, postura e tom no contorno do problema pode até torná-lo irrelevante e deixar o cliente totalmente encantado pela forma com que é tratado mesmo nos momentos mais delicados.

11. GERAR PERCEPÇÃO DE EXCLUSIVIDADE

Há inúmeras maneiras de gerar a percepção do único, do exclusivo, do especial. Todos nós gostamos quando algo é pensado e preparado para nós, mas isso requer coleta de dados, estudo, análise, planejamento, soluções inteligentes e um olhar no detalhe. O desafio do profissional de vendas é demonstrar ao cliente que ele não é apenas mais um número na operação. Às vezes, isso se dá apenas com um olhar e uma saudação carinhosa, quando no meio de um atendimento eu garanto que aquele outro cliente que acaba de entrar na loja sinta que sua presença foi notada. Outras vezes isso se dá por meio do entendimento de uma paixão até mesmo "simples", como um doce especial que foi mencionado na visita anterior, com o qual eu fiz questão de presenteá-lo no próximo encontro. Saia do óbvio; demonstre afeto, use sua criatividade.

12. CRIAR MOMENTOS ÚNICOS, MEMORÁVEIS E EXCEPCIONALMENTE PERSONALIZADOS PARA CADA CLIENTE

De que forma posso auxiliar o cliente a finalizar aquele contato comigo de uma maneira melhor do que iniciou? Pela gentileza, empatia, cuidado e atenção fornecida? Pelo compartilhamento apropriado das informações procuradas? Pela oferta da solução adequada, de acordo com a necessidade apresentada? Independentemente se há ou não um fechamento da venda naquele momento, um cliente encantado com o nosso atendimento não somente dará prioridade a nós ou a nossa marca, como também irá compartilhar a experiência positiva que teve com seus amigos, parentes, colegas de trabalho ou conhecidos.

13. CONSTRUIR UM RELACIONAMENTO DURADOURO

Talvez um dos grandes equívocos ainda presentes na mentalidade de equipes das áreas comerciais é pensar pura e simplesmente na venda imediata, no resultado a curto prazo, na transação comercial. Em um cenário tão competitivo e desafiador, em especial quando falamos sobre o mercado de Luxo e Premium, é preciso ampliar horizontes, pavimentar caminhos, plantar sementes. Oferecer nosso tempo até mesmo para aquele cliente que ainda é apenas aspiracional, com a mesma gentileza e cuidado com todos que entram em contato conosco. Faz parte do nosso trabalho promover uma experiência especial àqueles que escolhem nos acessar, pensar nos resultados intangíveis para a pessoa, para a marca, para a operação onde atuam. Trabalhar o pós-venda de forma efetiva – uma etapa ainda com grandes *gaps*, muitas vezes esquecida pelos profissionais. Olhar com cuidado as não conversões, aprofundar-se em seus motivos, buscar maneiras de se reaproximar de um cliente que já nos considera para a compra do produto ou do serviço. Como você pavimenta esse caminho no seu dia a dia?

O OLHAR DO GESTOR

"Na Hugo Boss, buscamos profissionais que tenham habilidades técnicas e que se alinhem com os valores e a cultura da nossa marca. Priorizamos a excelência no atendimento ao cliente, com a capacidade de entender e antecipar suas necessidades. Valorizamos uma comunicação clara e eficaz, tanto verbal quanto escrita, e a capacidade de se comunicar de forma profissional e cortês.

A habilidade de trabalhar bem em equipe e colaborar com colegas, contribuindo para um ambiente de trabalho harmonioso, é essencial. Focamos em profissionais orientados para resultados, que busquem alcançar e superar metas, além de serem proativos na resolução de problemas e na melhoria de processos. Adaptabilidade e flexibilidade para lidar com mudanças e novos desafios são altamente valorizadas. Conhecimento sobre a marca e seus produtos, bem como paixão pela moda e pelo setor de Luxo, são diferenciais importantes. Experiência prévia em vendas e conhecimento de técnicas de vendas, além da habilidade para utilizar ferramentas e tecnologias relevantes, são competências técnicas desejadas.

Finalmente, integridade e ética em todas as ações, com respeito pelos valores e políticas da empresa, são fundamentais."

ROMEO BONADIO
Managing Director Brazil Hugo Boss Brazil

DICIONÁRIO ATUAL DO
ATENDIMENTO E RELACIONAMENTO

> *"As pessoas não compram bens e serviços. Elas compram relacionamentos, histórias e magia."*
>
> **SETH GODIN**

Como suporte de todas as ferramentas apresentadas que possam auxiliar no processo de evolução para o estado da arte da excelência, desenvolvemos o dicionário do atendimento e relacionamento, com fatores-chaves que devem ser considerados no diálogo com o cliente especial.

São competências e habilidades profissionais que mostram um diferencial competitivo na arte de encantar e surpreender.

1. **PACIÊNCIA:** em um universo repleto de emoções exacerbadas, temos de lidar diariamente com clientes de diferentes perfis, muitas vezes fragilizados pelos desafios cotidianos. Ao optar por trabalhar com o atendimento ao público, precisamos exercitar a paciência acima de tudo. Dar acolhimento, neutralizar o nervosismo, agir com calma e cautela.

2. **EMPATIA:** erroneamente, o termo é definido como "colocar-se no lugar do outro". Isso é humanamente impossível. Nunca conseguiremos ter a exata noção do que se passa por completo na vida daquele cliente que nos acessa. Por isso, é necessário compreender que há um lado emocional por trás da postura, do tom, do ritmo. Oferecer a melhor solução sem um julgamento pessoal. Demonstrar o quanto entendemos aquele momento e trazer conforto, por mais desafiador que seja.

3. **CONEXÃO:** com paciência e empatia, somado a uma leitura adequada, conseguimos gerar conexão, e cada conexão funciona de maneira distinta da outra. Cada atendimento é diferente do outro. Precisamos nos desvencilhar de *"speechs"* automáticos. Ouvir atentamente sem pensar ao mesmo tempo na resposta que será dada e, assim, permitir que o cliente se "solte" um pouco mais.

4. **CRIATIVIDADE:** o Fórum Econômico Mundial elencou a criatividade como uma das três competências e habilidades profissionais mais importantes em 2020. Quando o cenário apresenta incertezas, sabemos que a mudança é a única constante, e cada vez mais a inteligência artificial vai nos desafiar a entender o quão criativos podemos ser. Assim, precisamos ser mais criativos na comunicação, no repertório, na oferta de soluções, no ritual de acolhimento, em todas nossas atividades do dia a dia. A criatividade só acontece quando nos mantemos inquietos e curiosos pelo conhecimento.

5. **CONTAR HISTÓRIAS:** defendemos o papel do *storyteller*, ou contador de histórias, como uma das principais habilidades que precisam ser aprimoradas pelos vendedores. A construção de valor no atendimento demanda incremento de repertório e narrativa, profundidade de informações e um fio condutor que ressalte a perspectiva a ser demonstrada. As nuances e a quantidade de informações a serem transmitidas dependem da abertura de cada cliente, mas é preciso estar muito bem preparado.

6. **PROTAGONISMO:** atitude é tudo. Precisamos trabalhar nossas carreiras profissionais como uma pequena empresa. Revisitar nossas fraquezas, desenvolver nossas habilidades, entregar nosso melhor dentro de cada cargo e operação. O caminho para o sucesso profissional é permeado pelo protagonismo que cada um exerce no seu dia a dia.

Em um mercado tão competitivo, tais competências podem até ser óbvias em um primeiro olhar, mas precisam ser aprofundadas, pois impactam de forma significativa o dia a dia das operações.

Dentre as competências e habilidades mencionadas em nosso dicionário do atendimento e relacionamento, qual delas você deve desenvolver para se tornar um profissional com a sinergia que as marcas de Luxo e Premium buscam no mercado?

O OLHAR DO GESTOR

"O mercado de Luxo vem evoluindo constantemente no decorrer dos últimos anos, e não deixará de se transformar no futuro: as crises políticas e econômicas, as catástrofes naturais, as descobertas científicas e as pesquisas são alguns fatores que provocam a emergência de novas tendências, a transformação dos valores e da forma de pensar das futuras gerações. Isso leva a novas maneiras de enxergar a vida, de se distrair, de consumir.

O Luxo é o exemplo perfeito dessa perpétua transformação, pois os desejos e as expectativas mudam o tempo todo. Isso requer adaptabilidade e agilidade, que eu julgo essenciais para os profissionais da área: ter a humildade de saber questionar o estabelecido, estar antenado para identificar mudanças, novas tendências, para poder antecipar o que está por vir.

Outra habilidade, que no meu ver é mais rara e mais valiosa, é a preocupação com o cliente. Pode chamar de empatia, atenção, atendimento próximo; não deixe de ser uma pessoa que está constantemente atenta às necessidades e aos desejos dos seus clientes. Hoje, sabemos que o que as pessoas procuram no Luxo é a experiência mais que o produto em si, mas não é só um momento com começo e fim, é uma história de amor: envolve emoções e gera memórias, que vão desencadear lealdade e apego à marca. E o gatilho é esse toque extra de atenção, a flechinha que esse profissional atento vai atirar e que vai fazer o cliente se apaixonar."

CATHERINE PETIT
Managing Director Moët Hennessy Brazil

A INTELIGÊNCIA APLICADA À GESTÃO DO LUXO
CASE GRUPO BOTICÁRIO

O Grupo Boticário é mais uma empresa que temos a honra e o privilégio de ter como cliente recorrente ao longo dos anos. Uma marca que não busca trabalhar exclusivamente com o público alta renda, mas entende que é possível exercitar a depuração dos aprendizados do Luxo para subir alguns degraus na percepção de marca

OBJETIVO

Desenvolver competências e habilidades profissionais com foco em repertório e equalização de entendimento de expectativas para as marcas do Grupo Boticário (O Boticário, Eudora, Oui, Dr. Jones e Truss), com desdobramento tático para uma amostra de 19 marcas entre elas.

SOLUÇÃO

Uma atuação mista entre a equipe de consultoria estratégica e a equipe da Luxury Academy para construção e implementação da seguinte solução:

- MCF, junto à liderança do Grupo Boticário, estabeleceu guidelines/parâmetros para mais segurança e embasamento nos limites de construção do mantra da sofisticação no universo das marcas.
- Elaboração de manual em sinergia com guidelines e pilares definidos nas etapas anteriores para garantir mais adesão ao conteúdo e às mudanças propostas, com foco em produto, comunicação e experiência de canal.
- Curadoria de referências, *do's and dont's* e práticas mais bem definidas para auxiliar no processo de execução.
- Sessões de mentoria, com equipes dedicadas das marcas-mãe.

RESULTADOS

- Nivelamento da régua de sofisticação dentro do universo das marcas trabalhadas com metodologia clara.
- Guia completo com referência para direcionamento em diferentes áreas.
- Participação de times multidisciplinares em todo o processo para garantir engajamento.
- Incremento de repertório de todo o time.

PARTE 5
BONUS TRACK

EXPRESSÕES MCF
O OLHAR PARA O EXTRAORDINÁRIO

"Nunca é tarde demais para ser o que você poderia ter sido."
GEORGE ELIOT

EXPRESSÕES MCF: O OLHAR DO EXTRAORDINÁRIO

Nosso vocabulário diz muito sobre quem somos, nossa cultura, nossa origem, nossa essência. É a forma como pensamos, nos comunicamos e até sonhamos e nos conectamos.

A publicação desta obra marca os 24 anos de nossa atuação no mercado e, para celebrar este momento, selecionamos 24 termos e expressões utilizadas ao longo de toda a trajetória da MCF, de maior impacto no processo de evolução para o estado da arte da excelência, em especial de tudo que dialoga com atendimento e relacionamento com o cliente especial.

CLIENTELING

Manter-se em relacionamento constante e contínuo com os clientes. Acreditar cada vez mais na força da segmentação, apoiando-se em dados sobre os comportamentos dos clientes, incorporando personalidade de marca e criando experiências poderosas.

DESEJABILIDADE

*P*recisamos ser desejados, não apenas comprados. Aumentar os patamares aspiracionais da marca, dos produtos e dos serviços. Desejo é o combustível do consumo, da preferência e, acima de tudo, da longevidade relevante da marca.

STORY...
TELLING
LIVING
SHARING
DOING

As marcas de Luxo são exímias contadoras de histórias. Apresentam produtos e serviços "com alma" e comunicam com muita propriedade o que elas são, seus legados, trajetórias, onde verdadeiramente se diferenciam. Tudo deveria ser sobre a história que contamos, vivenciamos, compartilhamos e realizamos.

Na era do "*touch*", do imediatismo e de tudo ao alcance de um clique, o cliente encontra-se cada vez mais impaciente. O desafio não é ser mais rápido do que nossa capacidade humana, mas se antecipar a eventuais "ruídos" e neutralizar a ansiedade. Escolheremos cada vez mais marcas que consigam realmente gerar conveniência.

PAIXÃO
COMO COMPETÊNCIA PROFISSIONAL

Precisamos inspirar e liderar equipes para se apaixonarem por nossas marcas, nossas histórias, nossos produtos, nossos serviços, nossos diferenciais. O primeiro desafio é emocionar quem diariamente está em nossas empresas e marcas.

Fomos educados profissionalmente a valorizar a conversão e a colocar a transação no protagonismo. Precisamos cada vez mais evoluir nossas competências e habilidades relacionais. O diferencial estará cada vez mais no relacionamento que se constrói com os clientes, migrar do "estar cliente" para o "ser cliente".

OBSESSÃO PELOS DETALHES

Marcas de Luxo são obcecadas pelo nível de detalhes em seus produtos, serviços, atendimento e relacionamento. A qualidade não é negociável. O invisível é tão relevante quanto o visível. Não devemos abrir concessões, devemos ser obcecados pela diferenciação.

A busca constante pelo não óbvio, pelo disruptivo. Na MCF, dizemos que somos "artesãos da excelência" para traduzir o nosso exercício contínuo de customização, personalização e adaptação em todas as nossas entregas. Um termo que faz referência a uma prática habitual das marcas de Luxo: o "feito à mão".

CONDIÇÃO ESPECIAL
X
DESCONTO

Condição especial demonstra algo único, customizado e direcionado. Desconto pressupõe diminuição de valor. Devemos ter cuidado na forma com que comunicamos; por isso, sugerimos evitar o uso da palavra "desconto" em produtos e serviços que dialogam com patamares diferenciados.

FIDELIZAÇÃO VS. PREFERÊNCIA

Diante de um mercado repleto de opções, na MCF acreditamos que a ideia de fidelização está se tornando cada vez mais desafiadora. O cliente, hoje, "flerta" com várias alternativas, explorando possibilidades e comparando experiências. No entanto, o verdadeiro diferencial está em ser a principal escolha, a marca ou profissional que, mesmo em meio a tantas tentações, se destaca e conquista a atenção do cliente. Preferência é uma escolha emocional, e não racional. Mais do que a fidelidade cega, buscamos ser a escolha consciente e desejada, aquela que o cliente retorna porque algo em nós o conecta, o emociona e o faz sentir especial!

CARO E BARATO

Alguns termos devem ser abolidos de forma definitiva de nossas práticas de diálogo. "Caro" e "barato" são termos subjetivos, variam de indivíduo para indivíduo. Nosso desafio é gerar valor e tornar o preço coadjuvante no argumento de venda.

ALTO LUXO

Mais um termo utilizado no mercado de forma ampla e indiscriminada. Em nossa Consultoria, entendemos que não existe "Alto Luxo". O termo vem de uma associação com o alto padrão, este, sim, possível e corriqueiro no mercado de *real estate*. Se levantarmos o termo "Alto Luxo", necessariamente assumimos que existiria algo como "Médio Luxo" ou "Baixo Luxo", o que não é real. Em nossa visão, o Luxo é absoluto, intermediário, acessível, mas nunca "alto". Como afirma Ferreirinha: "o Luxo é o estado da arte da excelência; o patamar máximo do extraordinário".

UM OÁSIS
EM MEIO AO CAOS

A realidade tem se demonstrado cada vez mais árida, difícil, desafiadora. Marcas e profissionais que conseguirem "abrir um sorriso" no cliente, neutralizar os desafios do cotidiano e encantar pela habilidade de trazer felicidade no dia a dia irão se sobressair no cenário competitivo.

MUDANÇA É A ÚNICA CONSTANTE

Continuamente observamos que os nossos principais ofensores somos nós mesmos, ou seja, as próprias empresas, em suas resistências ao novo, às mudanças e às transformações. A expressão criada pelo filósofo Heráclito de Éfeso (540 a.C.) é tão válida hoje quanto no seu tempo. Nada é permanente, exceto a mudança, que deve acontecer em doses constantes e em velocidade cada vez maior.

UMA QUESTÃO DE
ESCOLHA

Diante de tantas ótimas opções presentes no mercado, precisamos trabalhar para que o cliente nos escolha, opte por nossos produtos ou serviços, dê preferência e tome a decisão de consumir nossa marca. Vai muito além da fidelização; é preferência. Uma decisão emocional, de vontade.

TRADUTORES SIMULTÂNEOS

Precisamos interpretar mais rapidamente o que está acontecendo diante de nós, aproveitar mais rapidamente as janelas de oportunidades, decifrar códigos, entender movimentos de consumo. O desafio não é somente prever o futuro, mas reagir rapidamente ao que acontece.

TOQUE HUMANO

Pessoas precisam de pessoas; impactam pessoas; inspiram pessoas; desenvolvem pessoas; cuidam de pessoas. Nada substitui o *toque humano*. Precisamos, mais do que nunca, emocionar o outro, falar com o coração. O avanço da inteligência artificial demanda de nós novas competências, maior criatividade e a potencialização das emoções nas relações.

DADO
É O NOVO
PETRÓLEO

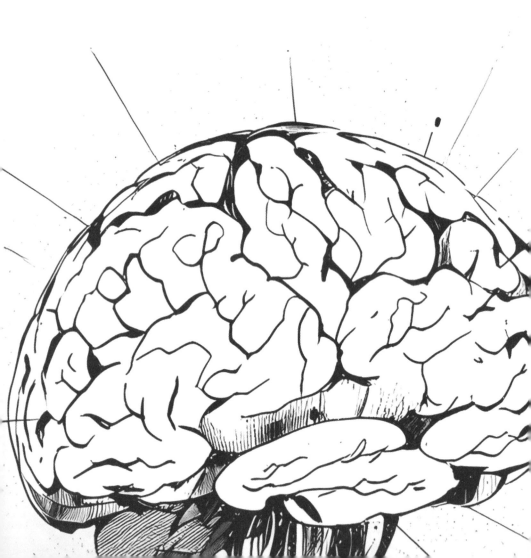

Corremos o risco de, ao longo do tempo, coletar um "bando de dados" em vez de uma inteligência estratégica de dados. Será cada vez mais imprescindível utilizarmos informações sobre comportamento de consumo do cliente na depuração de comunicação e de ações, aumentando a diferenciação pela customização e personalização.

ATITUDE É TUDO!

O que nos coloca no jogo é a nossa atitude. Não é o que nos faz ganhar o jogo, mas entrar no jogo. Precisamos nos tornar protagonistas. Mais do que nunca, é preciso agir – e agir com velocidade! Ter atitude para sair da zona de conforto, olhar sob outras perspectivas, tirar a subjetividade do "gosto ou não gosto" para decifrar as oportunidades nos negócios. Criar realidades paralelas aos desafios.

TOP

Um termo que se tornou popular e pejorativo ao longo do tempo. É usado de forma indiscriminada e não representa mais diferenciação.

Também temos que ficar atentos para o termo "VIP" não se tornar o próximo "TOP".

Na MCF, entendemos que o termo carrega um atributo subjetivo que não traz a devida conotação àquilo que observamos como posicionamento de diferenciação. O que propomos na MCF é o olhar estratégico de negócios, com um compromisso de evitar a subjetividade.

ACTIONING

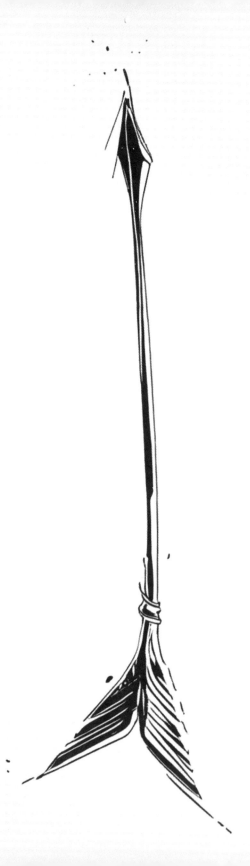

Um novo sentido para o "verbo" aplicado à *Ação*. Ele representa a capacidade de *Agir* e se manter na capacidade de *Agir* continuamente. É importante *Agir* mais rapidamente aos cenários que ocorrem diante de nós. Uma resposta tão rápida como adaptativa a um cenário constante de mudanças.

NEXT STEP - RAISE THE BAR

A inquietação constante para elevar a barra, dar um passo em outra direção, mais alto, mais empoderado. Acreditamos na elevação dos patamares de produtos, serviços e linguagem para manter-se relevante no mercado.

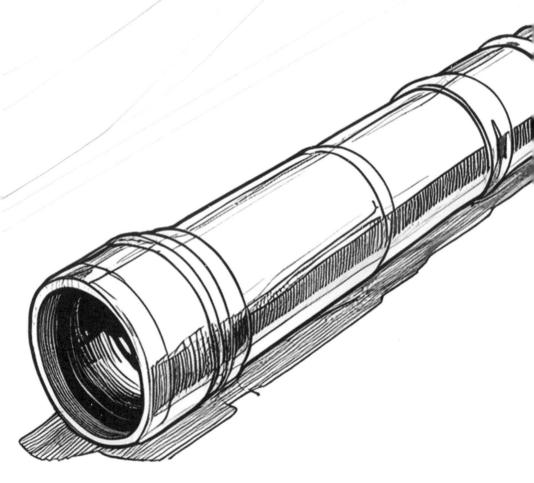

REFLEXÃO
FINAL

"O essencial é invisível aos olhos."
O PEQUENO PRÍNCIPE, DE ANTOINE DE SAINT-EXUPÉRY

A célebre frase do Pequeno Príncipe ecoa, mais forte do que nunca, no universo da Inteligência da Gestão do Luxo, reafirmando a importância do intangível na geração de valor.

Nesta obra, propomos a construção de um embasamento para um novo mindset, que vai muito além do comportamento de consumo. A Inteligência da Gestão do Luxo surge como uma metodologia de aprendizagem, como um referencial de melhores práticas e como cases genuínos do ir além.

A busca pelo extraordinário é um exercício de aprimoramento contínuo que nos mantém atualizados, contemporâneos e obcecados pela excelência. Essa dedicação se traduz na criação de experiências únicas, personalizadas e na conexão autêntica com o cliente. Esperamos que esta obra não seja um meio, e muito menos um fim, mas o início de um processo de desenvolvimento de novas competências e habilidades.

No mundo acelerado e hiperconectado em que vivemos, o olhar atento e curioso é a bússola fundamental para nos diferenciar no mercado. Muito além do segmento em que atuamos, é essencial ampliar nosso repertório, adquirir conhecimento em diversas áreas, para então enriquecer nossas narrativas e fortalecer nosso poder de argumentação. Dedicar-se a esse olhar transversal – que ultrapassa as características de produtos e serviços – nos permite envolver o cliente em seu próprio contexto, no *lifestyle* que ele valoriza, emocionando-o por meio de experiências que tocam a alma.

REFLEXÃO FINAL

Aquele que busca o extraordinário deve ser um eterno aprendiz. Preparação, busca constante por conhecimento e curiosidade insaciável são as chaves para desbravar novos territórios e superar expectativas. A obsessão pela preparação nos aproxima da excelência e da maestria em tudo o que fazemos. As habilidades técnicas são essenciais, mas não suficientes para construir relacionamentos duradouros. É preciso, acima de tudo, falar com o coração das pessoas. A inteligência emocional, a capacidade de comunicação e a empatia são qualidades indispensáveis para conectar-se com o cliente de forma profunda e significativa. Ao desenvolvermos essas habilidades, tornamo-nos verdadeiros artesãos do atendimento experiencial.

O Paladar Não Retrocede, há cinco anos, já ressaltava esse comportamento do cliente com expectativas cada vez mais elevadas, buscando experiências autênticas e relacionamentos emocionais. Para atender a essas demandas, é fundamental conhecer profundamente seu perfil, necessidades, desejos e aspirações. Dados são o novo petróleo, e a análise estratégica, bem como o uso apropriado dessas informações, nos permitirá gerar um engajamento muito mais consistente e a possibilidade de resultados muito mais expressivos.

Assim como o Pequeno Príncipe descobriu a beleza e a importância das pequenas coisas, a paixão deve nos motivar a encontrar o extraordinário em nossas dinâmicas profissionais. Cultivar curiosidade, criatividade e inquietação em tudo que fazemos nos permite transformar produtos, serviços e marcas em lugares de conexão mágica e inspiradora.

Por fim, que este livro seja um convite para você, leitor, a abraçar essa jornada em busca do olhar para o extraordinário – sendo mais ousado, mais inovador e, acima de tudo, mais humano.